U0653585

谨以此书纪念先考李公松秋（1923—2018，祖籍中国广东澄海上埭乡）

《潮汕文库》大型丛书组委会

主　任：顾作义　　方健宏　　许钦松

副主任：周镇松　　曾晓佳　　赵　红　　方赛妹　　罗仰鹏

委　员：许永波　　徐义雄　　黄奕瑄　　邱锦鸿　　饶　敏

　　　　林　农　　刘雨声　　陈荆淮　　陈海咏

《潮汕文库》大型丛书编委会

顾　问：饶芃子　　曾宪通　　陈平原　　陈春声

主　任：顾作义

副主任：罗仰鹏　　林伦伦　　徐义雄

委　员：（按姓氏音序排列）

　　　　陈海忠　　陈荆淮　　黄　挺　　刘洪辉　　倪俊明

　　　　吴二持

《潮汕文库》大型丛书编辑室

成　员：曾旭波　　林志达

潮汕文库·研究系列

一脉相承

石叻澄邑先哲传略

［新］李志贤　著

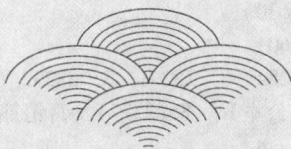

暨南大学出版社
JINAN UNIVERSITY PRESS

中国·广州

本书由新加坡澄海会馆授权，书名原为"石叻澄邑先哲传略"，由暨南大学出版社出版并在中国发行。本书受国际版权公约保护。

广东省版权局著作权合同登记号：图字 19 - 2018 - 082 号

图书在版编目（CIP）数据

一脉相承：石叻澄邑先哲传略/（新加坡）李志贤著. —广州：暨南大学出版社，2019.4

（潮汕文库. 研究系列）

ISBN 978 - 7 - 5668 - 2424 - 0

Ⅰ. ①—⋯　Ⅱ. ①李⋯　Ⅲ. ①华人—列传—新加坡　Ⅳ. ①D634. 333. 9

中国版本图书馆 CIP 数据核字（2018）第 151554 号

一脉相承：石叻澄邑先哲传略
YIMAI XIANGCHENG：SHILECHENGYI XIANZHE ZHUANLUE
著者：（新）李志贤

- -

出　版　人：徐义雄
项目统筹：黄圣英
责任编辑：冯　琳　何镇喜
责任校对：高　婷
责任印制：汤慧君　周一丹

出版发行：暨南大学出版社（510630）
电　　话：总编室（8620）85221601
　　　　　营销部（8620）85225284　85228291　85228292（邮购）
传　　真：（8620）85221583（办公室）　85223774（营销部）
网　　址：http://www.jnupress.com
排　　版：广州市天河星辰文化发展部照排中心
印　　刷：广州家联印刷有限公司
开　　本：787mm×1092mm　1/16
印　　张：13.5
字　　数：275 千
版　　次：2019 年 4 月第 1 版
印　　次：2019 年 4 月第 1 次
定　　价：48.00 元

（暨大版图书如有印装质量问题，请与出版社总编室联系调换）

总　序

潮汕文化历千年久远，底蕴渊深，泱泱广袤，又伴随着潮人的迁播而兼收并蓄，独树一帜，是中华文明中的重要一脉。

秦汉之前，潮汕囿于海角一隅，与中原殆少来往；自韩愈治潮，兴学重教，风气日开，人文渐著。宋朝文教兴盛，前七贤垂范乡邦；明朝人才辈出，后八贤称显于时。明清以来，粤东地区借毗邻大海的地理优势，与域外商贸频仍，以陶朱端木之业，成中西交汇之势，造就多元开放的文化格局。饶宗颐等学界巨匠引领风骚，李嘉诚等商海翘楚造福民生，俊采星驰，郁郁称盛。

而今国家稳步发展，蓬勃兴盛，潮汕地区凭借深厚的历史积淀，务实进取，努力发展传统文化及其产业，如潮剧、潮乐、潮菜、工夫茶、陶瓷、木雕、刺绣等，保持并革新精巧特色，在世界各地广泛传播，备受青睐。更有海外潮人遍布全球，为经济文化交流引桥导路，探索共赢模式，拓宽发展空间。

为促进潮汕文化的传承与创新，进一步推动潮汕文化"走出去"，在广东省委宣传部的大力支持下，海内外学者编写《潮汕文库》大型丛书。本丛书包括文献系列和研究系列，涉及历史、文学、方言、民俗、曲艺、建筑、工艺美术等多方面，囊括影印、笺注、点校、碑铭、图文集、口述史等多种形式，始终秉承整理、抢救传统文化的原则，尊重潮汕地区的家学渊源和治学传统。以一腔丹心，在历史沿袭中为文化存证，修旧如旧，求新而不媚俗于新；以一笔质朴，在字斟句酌中为品质立言，就事论事，求全而不迷失于全；以一纸恳切，在纷扰喧器中为细节加冕，群策群力，求深而不盲目于深。惟愿以此丛书，提升潮汕文化品位，凝聚海内外潮人，齐心发展，助力腾飞。

在成书过程中，广东省委宣传部高度重视，协调汕头、潮州、揭阳、汕尾市委宣传部，委托潮汕历史文化研究中心、韩山师范学院、暨南大学出版社组织编写与出版。海内外潮学研究专家倾注笔墨，潮汕历史文献收藏机构及热心人士鼎力襄助，在此一并致谢！

《潮汕文库》大型丛书编委会

2016 年 7 月

一脉相承：石叻澄邑先哲传略

序　一

新加坡在过去被称为石叻，石叻是马来语 Silat（意为海峡）的广东方言音译。早在莱佛士登陆石叻之前，中国潮州八邑之属的澄海就有颇多先辈南来石叻谋生。他们有些定居于此，有些往返于南洋和中国之间。尽管人生轨迹各不相同，但这些澄海人均在我国的历史进程中留下了雪泥鸿爪，谱写了丰富多元的乐章。

2015 年，新加坡澄海会馆欢庆金禧。欣逢新加坡建国五十周年，会馆希望借此庆典，对在新加坡历史发展作出贡献的澄海先贤们致敬，特邀请本地潮学研究的领军人物新加坡国立大学李志贤副教授，广泛搜集和整理资料，撰写五十位澄海先贤的传记，记录他们的生平事迹，以及在各行各业的成就与贡献。李教授将其编册成书，命名为"石叻澄邑先哲传略"。这些先贤的事迹和经验，不仅是潮人族群的宝贵记忆，也是新加坡历史的重要组成部分和文化遗产。该书的出版将增进人们对新加坡澄海人的认识，也有助于我们了解海外华人的社会与文化。

值得一提的是，书中所录的澄海先贤，有些已得到国家和社会的褒奖，获颁勋章荣衔，但其中仍有许多鲜为人知。李教授的贡献在于能够从历史长河中发现这些并不应该被遗忘的人物。他们也是我辈应该尊敬的先驱人物，他们所体现的积极进取的"澄海精神"是值得我们学习和发扬的。

什么是澄海精神？从书中记载的五十位先贤来看，可以总结为三方面的特点：一是勤劳进取、脚踏实地的奋斗精神。不论在哪个行业领域，他们都努力拼搏，自强不息。二是注重文化、弘扬传统的人文精神。澄海人中热爱书画诗词、文学艺术者众多，并且注重历史传承，在此基础上发扬创新。三是服务社会、关爱社群的奉献精神。这些先辈或为会馆的创建人，或参与会馆的管理和运作，他们呕心沥血推动社团事业的发展，以谋乡亲民众之福利。

本书的可读性高，内容精彩，文字并不枯燥，而且富有深切的人文情怀，排版也典雅大方。翻开传略的一页页，先贤们从移民过番至落地生根于新加坡的历史过程被生动地展现出来，使得澄海人的形象立于纸上。书中还附加多幅文献插图，让读者能有更直观的印象，产生更大的阅读兴趣，对内容有更具体的了解。

对研究者来说，该书具有颇高的史料价值。李教授在撰写先贤的传略时，不满足于已有的二手资料。他用心和尽力寻找、采集许多原始资料，收获可观。这些材料丰富翔实，真实可靠，补充了已有档案的不足，提供了新的依据和佐证。在这些材料的基础上，该书除了"发现"先贤之外，也突破了人们以往对华人先驱和华社历史的认知。

更重要的是，该书还有凝聚社群的意义。对于年轻人来说，新加坡的繁荣和社群的团结和睦可能被视为理所当然的事情。先辈们的艰辛历程、成就贡献，后辈们了解不够，有时甚至说不出所以然。对于澄海人来说，我们应该对自己的历史文化多加了解，学习先辈们的精神，加强对社群的认同，为社会和国家献一分力。本书在这方面可以起到积极的作用。

当我们抚今追昔，为澄海先贤对国家社会作出的贡献感到骄傲自豪的同时，也要让澄海人的文化和精神继往开来、流传千载。

是为序。

李秀炎

2015 年 10 月 25 日

（李秀炎，新加坡澄海会馆会长）

序　二

数风流人物　还看石叻澄海先哲

因为是澄海人，所以对故乡澄海有着深深的眷恋和剪不断理还乱的复杂情绪。又因为是一介书生，所以对家乡的文事也多有关注，与同行文友也多有来往行踏。翻开我写过的序言目录，近几年为澄海文友写过的序文也不少，计有澄海文联的《记忆的痕迹：澄海小说30年（1982—2012）精选》、蔡炫辉的《澄海历代书法集》等，最近一本是澄海海外联谊会介绍澄海人文的《澄怀观海》。至于与新加坡澄海人的联系，则最先是与同道李博士志贤兄交往。志贤兄因为研究一些跟澄海原乡有关系的课题，20世纪90年代就多次来澄海做田野调查和文献搜集，后来又多次来汕头大学或者韩山师范学院参加学术会议或者讲学。我也去新加坡国立大学、南洋理工大学、新加坡潮州八邑会馆、醉花林俱乐部参加过几次学术会议、讲学或者考察访问，每次几乎都是志贤兄在张罗、照顾我。所以我们经常晤面，共同切磋有关潮汕原乡与新加坡的历史文化问题，甚有食呸（相谈甚欢）。今志贤兄为庆祝澄海会馆成立五十周年而撰写之《石叻澄邑先哲传略》大稿杀青，嘱余作序。余乐观其成，无论是作为澄海老乡还是同行挚友，余皆应效犬马之劳为之推介，并作为新加坡澄海会馆五十周年大庆之芹献。

澄海原乡，地灵人杰，处韩江支流之外砂溪、莲阳（南洋）溪和东里（东陇）溪三江（溪）平原，北有凤凰山，东有莲花山屏障，西与汕头接壤，南面大海，乃鱼米之乡。可谓"韩水三支毓文化，莲峰五瓣吐芳菲"。是故澄海设县虽晚，但从明清到当代，人才辈出，蔚成奇观。澄海出文人（知识分子），蜚声海内外：张世珍（第一本潮音"十五音"同音字典——《潮声十五音》的编著者）、陈凌千（第一本部首偏旁潮音字典——《潮汕字典》的编著者）、黄际遇（著名数学教育家、天文学家）、吴贯因（著名历史学家）、杜国庠（著名哲学家）、许伟余（著名文人）、秦牧（著名作家、散文大师）、李新魁（著名汉语音韵学家、方言学家）……澄海也出企业家，别的不说，陈黉利家族就是杰出的代表。从陈焕荣肇业，这个庞大的家族已薪传八代，人才辈出，至今有几百口人之多。在泰国、新加坡、马来西亚、美国、加拿大、英国等国，及中国台湾、香港等地区都有这个家族的事业，据说企业、公司多达二百五十家。在1995年的"经济实力最强的海外潮籍人士"排行榜的六十位上榜人士中，陈黉利家族的第四代传人陈天听排名第十四位，拥有财富约二十亿美元（据网络资料），现在的财富可能就更为可观了。澄海这个地方，也出好官，从搭建草衙门办公理政的首任县令周行，到深受人民热爱的"赤脚县长"余锡渠，到《羊城晚报》民选广州市十大公仆之首的广州市市长（后升任中共海南省委书记）许士杰等。

圉于见闻和海外资料的有限，对海外的澄海人我了解甚少，可以说是孤陋寡闻，仅仅知道的也就是泰国吞武里王朝创建者郑信大帝和到泰国北大年港创业的武装商船首领林道乾等几位。现在拜读了志贤兄的这本书，才知道原来澄海人在新加坡也是人才辈出、竞领风骚。从这本传略所介绍的传主来看，以企业家、资本家、商界和社团领袖居多，诸如佘有进、林义顺、林忠邦、李伟南等。江湖中传说，"潮人善经商"，因而有"东方犹太人"之誉。窃以为，这个"潮人"如果修改为"海外（境外）潮人"也许更靠谱一些。因为像华人首富李嘉诚先生等创业有成者，大部分都是在外地或海外拼搏而终获成功的。而潮人的"善经商"，与潮人"精细"的人文性格特点是有很密切的关系的。潮人的"精细"特点用在商贸上就是能够做到"算盘敲到无架"（精打细算），故而能无往而不利。澄海籍的企业家、资本家也应该具有这种特点。当然，新加坡也与澄海原乡一样出文人，如作家王君实、吴以湘，书画家黄勖吾、黄寿松、陈普之、蔡逸溪等；

同样也出了一些政治家、外交家等，如佘美国、张修文、陈天立等。其实，上面举例的新加坡著名企业家、资本家，大部分也是商界和侨团、侨社领袖，他们也是具有领袖的特质和能力的优秀人物。

我曾经在国际学术会议上发表过"潮汕文化的一半在海外"的观点，因为从人口数量及其分布来说，"海内一个潮汕，海外一个潮汕"。作为潮州八邑之一的澄海也一样，有一半的乡亲在海外。所以，你要了解澄海的人文，除了原乡之外，还得知道在海外的另一个"澄海"。现在，志贤兄做了新加坡的"澄海先哲传略"，棋先一着。很希望其他各国、各地的学者也能陆续编著出类似的著作来，海外的这个"澄海"，就会越来越完整了。

我与志贤兄交往二十多年，知道他在海外华人研究方面深耕二十载，成果丰硕。志贤兄的这本大作，虽然谦称为"传略"，却是他二十年来资料积累和研究心得的心血结晶，它不但在澄海人的"过番史"、澄海籍华侨华人在新加坡的发展史、新加坡经济发展史等方面极具历史资料价值，还在海外潮人研究上具有先进榜样之作用。我拜读之后，获益匪浅，故乐为之序。

林伦伦

乙未年酷暑

于韩山师范学院傍山居

（林伦伦，韩山师范学院院长、教授）

序 三

李志贤教授撰写的《石叻澄邑先哲传略》将要付梓行世，嘱咐我写篇序言。由于学术兴趣相投，我与李教授交知多年，而且他祖籍澄海，我自小在澄海长大，无论友情乡谊，都不敢推辞。

澄海是潮汕地区最具海洋色彩的一个县份。十八世纪的地方志就说，本县濒海，居民的生计不是捕鱼晒盐，就是商贩外洋。正是这样的生态特点，致使澄海的历史与外洋移民的历史天然地联系在一起。在十九世纪初新加坡开埠以后，澄海移民就开始在这片荆莽初辟的土地辛勤劳作，为它的经济发展、社会稳定和文化发扬，作出了积极的贡献。1965 年新加坡共和国独立，改变了国民身份的新加坡澄海人，继续在社会经济、文化教育以至政治活动各个方面，取得令人瞩目的功绩。

这本书记录了近两个世纪来新加坡的澄海先哲，自佘有进开始，至陈天立，一共五十人。其间有社会贤达、豪侠志士、文人学者，更多是商界翘楚。每人立一传记。

我向来认为，潮汕历史文化研究，不应该局限于中国的潮汕地区，对潮州人在移民地的活动，必须予以同等的关心。近年来，由于各种机缘，我有机会先读到新马学者从本土立场出发所做的海外潮州人历史的杰出研究，像马来西亚新山南方学院出版的《潮人拓殖柔佛原始资料汇编》、陈剑虹先生的《槟榔屿潮州人史纲》和马来西亚华社研究中心与雪隆潮州会馆合作的《雪隆潮州人历史研究

纲要》。这些著作，题材风格各异，但都给了我一扇从更广阔的视野去认知潮汕历史文化的窗口，让我获益匪浅。

李教授这本书取材只一县域，又以纪传体体裁撰写，别具风格。他记述的这些澄海先哲，生活在不同时期的新加坡，从事不一样的工作，而他们的活动，却都表现了潮汕人作为一个族群所具有的共同的历史文化传统，即精于商业经营的传统，重视文教的传统，感恩和回报社会的传统。同时，这些人物传记透露出来的信息，也能让人触摸到新加坡历史变迁的脉搏。

这是一本好书。李教授以一个严肃历史学家的态度，网罗充足的文献资料，稽考核实，写下每一位传主的生平事迹。文字简洁而切要，传达的精神志趣已跃然纸上，足以激励后生。我也因此乐意为它写篇短序。

黄　挺

谨序于韩山师范学院潮学研究院

2015 年 9 月

（黄挺，韩山师范学院潮学研究院教授）

序 四

会馆在中国历史上扮演了很重要的角色。同乡会馆或同业行会帮助离乡的同乡士子参加科举考试，协助同乡商人定订交易规矩、成本和价格。会馆是同乡成员交际之所，也是为贫困的旅外者养生送死的重要组织。会馆同时服务于家乡的医疗、丧葬和教育等慈善文化事务。19世纪中叶以来，移民远赴海外经商、从事劳动的人数急剧增加，在海外落地生根的华人也相应增长。因此，早期的海外华人会馆不仅担负传统的角色，而且协助同乡在异域安顿、生活，还帮助异国政府间接管理旅居华人。他们为希望落叶归根的同乡安排回国、为期望落地生根的同乡解决生和死的问题。20世纪中叶以后，华人回国和生长侨居地的数字逆转。会馆的功能也不得不随之而调整。也就是说，同乡会馆更着力于本地的福利、社会事务，尤其为生于斯、长于斯的二、三代同乡子女提供一个服务本邦、贡献本地的踏阶，同时也通过会馆的祖先之地的认同建立社交的、文化的、社会的平台。今天的会馆，在传统功能的框架外，被赋予多元的近代性。

新加坡澄海会馆在2015年迎接成立半个世纪的盛典。澄海会馆的建立代表了新加坡建国以来，会馆走向的新发展、新功能、新面貌的年代。在走向新时代、在前瞻的时候，本书提示了我们先贤辛苦耕耘，为同乡、为国家付出的心和力。

蔡志祥

（蔡志祥，香港中文大学历史系教授）

1

前　言

　　澄海是广东著名侨乡之一，在明代嘉靖四十二年（1563）建县前后，已经有姓名可考的澄海人流寓海外，文献上有较具体记载的是明万历元年（1573），澄海南湾村的林道乾率领的海上武装力量被明朝官兵击败后，率众逃到柬埔寨，并与留居当地的澄海人杨四结为莫逆之交，旋又潜回潮州，几经辗转，率所部两千余人到暹罗（今泰国）大尼（今北大年）定居，后来当地人民还称北大年港为"道乾港"。中国清王朝自康熙二十三年（1684）至乾隆十二年（1747）近百年间，先解除海禁，复从暹罗进口大米供给粤、闽、浙诸省，最终准许沿海商人领照到暹罗采购大米以接济民食。在这些有利的因素推动下，地理条件优越的澄海县，海运贸易日趋兴旺，经营大米自此成为潮州人，尤其是澄海人的传统行业，而澄海的樟林港在当时也迅速发展为"河海交会之圩，闽商潮客，巨舰高桅，扬帆挂席，出入往来之处"，①成为广东的海运枢纽和移民的重要口岸。为了满足商贸运输之需，当地富商纷纷集资建造"红头船"②。"红头船"同时也为远渡重洋的澄海人提供了交通的方便，它见证了当时澄海先辈们冒着生命危险，乘风破

---

① 尹佩绅《凤山记序》"拨充风伯庙祀祭香灯章程碑记"。尹佩绅曾于明代嘉靖年间任澄海县令。

② "红头船"是一种高桅的大型木帆船，它坚固耐用，载重量大，抗风性能优越，为当年的潮汕商人长途贩运、对外贸易提供了一大有利条件和奠下重要基础。雍正元年（1723），清政府为便于对各省商船、渔船进行登记管理和稽查，规定各省商船在船身头尾两端和大桅上半截用漆涂上不同颜色以作区别。按规定澄海的商船船头都漆成红色，故称"红头船"。有些"红头船"还画上两颗圆圆的大眼睛，浮在水面像一条大鱼，也有些画上雄鹰振翅高飞的图样，象征澄海人为了追求美好生活，即使在汪洋大海中逆风而航也毫不畏缩，体现了乘风破浪、勇往直前的信念。19世纪60年代，汕头开埠，轮船兴起，樟林古港渐为汕头港口取代，"红头船"也悄然走进了历史。

浪，漂洋过海谋生的辛酸史和奋斗精神。

1860 年之后，汕头正式作为对外通商口岸，潮汕海外移民又出现了另一个高峰阶段。在接下来的一百多年里，中国战争频繁，社会动乱，农业生产备受破坏、环境恶劣，许多人无以为生，只好向海外寻求出路。时值西方殖民者开发东南亚，需要大量的劳动力，潮汕地区的"猪仔贸易"应运而生，许多贫苦的潮汕百姓成为"契约华工"，移民到东南亚。还有另一部分人为了个别原因，也自愿移民海外。民国政府成立后不久，长期战乱和日本入侵，致使海外亲人的批信中断，各地粮食欠缺、物价高涨，人民生活困苦，纷纷到南洋投靠亲友，谋求生计，于是出现了潮人向海外移民的另一浪潮。

在近代潮人移民史上，澄海人向海外移民源源不断，其中很多移居到俗称石叻①的新加坡。据《澄海县华侨志》在 1987 年的统计，居住新加坡的澄邑潮人，估计占在外澄邑潮人总人数的百分之十，排在泰国和中国香港之后。从家乡来到新加坡这片陌生的土地后，经过了一番艰苦奋斗，克服了种种困难，澄邑先辈们渐渐"落地生根"，繁衍生息，他们在各领域开拓与发展，对早期新加坡的开发与近代经济的建设有极大的贡献。他们也在这里重塑了家乡的传统文化、宗教信仰，建立起澄海人的地缘会馆和同乡会，凝聚乡谊，且积极投入社会公益及教育事业，一个多世纪以来，在各行各业卓有成就的澄邑潮人，更是代有其人。

在新加坡生活的澄邑先辈筹组地缘会馆的历史其实可以推溯至"二战"前夕。1939 年，洪开榜、王炎发、李仰光、李合平、陈三余等澄海籍先贤曾发起筹组澄海会馆的计划，并获得政府批准注册，但就在第一届董事准备就职之际，日军南侵，新加坡沦陷，会馆始终未能成立。一直到 1965 年，在陈燨榆等的号召下，澄海先贤们再次筹组会馆，并获得新加坡社团注册官批准成立。光阴荏苒，澄海会馆正式创立至今，已经过了半个世纪，会馆即将举办一场盛大的金禧庆典。

① 当时中国移民俗称新加坡为"石叻"或"石叻坡"。石叻是马来语 Silat 的广东方言音译，意为海峡。

笔者忝为会馆的文教顾问，数年前已开始构思如何为会馆的五十周年纪念出一份绵力。鉴于十年前会馆已经出版过《乘风破浪》特刊，以纪念其成立四十周年，笔者因此向会馆理事会建议，五十周年的金禧庆典，与其再出版周年纪念特刊，不如编撰一册纪念澄邑先贤的专书。这个建议获得理事会的支持，笔者亦开始着手搜集有关的原始资料，并将书名定为"石叻澄邑先哲传略"。

原来的构思是结合笔者多年来对新加坡潮人历史与社会研究的一点心得，撰写一本学术专书，甄选不同年代中在政治、外交、工运、工商、金融、学术、文化等领域具代表性的澄邑先哲入传，但笔者最后还是接受会馆理事会的要求，兼顾书的"可读性"，并将入传的先哲增加至五十位，理事们认为这样较能切合会馆创建五十周年的意义，也可以当成是"SG50"（新加坡建国五十年）的一份贺礼。

身为历史学者，笔者坚持撰写人物传略务必以确实可考的原始文献作为资料的基础，旁征博引，辅以前人的研究成果，并遵守严谨的学术规范。即使是撰写一本兼顾可读性、较为普及的先贤传略，也应不落窠臼，切忌歌功颂德。因此，《石叻澄邑先哲传略》里的资料来源虽然广泛，却都言之有据，翔实可考；传略内容虽然突显先哲们的成就与贡献，然不作夸大其词的刻意描述，笔者对先哲的精神虽然加以肯定，但不用流于世俗的华丽辞藻作客套的赞誉，而是以平实精炼的文字表达客观的评价。

因为篇幅的增加，致使编撰时间紧促，然幸不负会馆所托，在会馆的支持和各界好友的协助下，《石叻澄邑先哲传略》得以顺利如期付梓。在撰写期间，承蒙澄海会馆李秀炎会长、陈克湛副会长、总务吴锦俊先生和各位理事的鼎力支持以及秘书处沈亚娥女士的协助；李秀炎会长，学术界的同道挚友林伦伦教授、黄挺教授、蔡志祥教授为本书撰写序文，黄挺教授题写书名，研究助理张慧梅博士、陈传忠先生、吴静玲小姐、杨妍小姐协助收集与整理资料，校对文稿；设计与制作公司 Idealworks Design Pte Ltd 提供专业技术支援，以及陈克湛、吴锦俊、洪少民、吴卓茂、蔡廉溪、谢汉俊、黄吉生、吴南安、蔡锡光、宋裔烽诸君提供资料与图片，笔者谨此一并致以谢忱。

我也由衷感谢新加坡国家图书馆和新加坡报业控股开放资料，为我们在收集资料方面提供许多便利，也使本书的内容更为充实。

曾为国家社群作出贡献，符合入传标准的澄邑先贤又岂止入传的这五十位。然限于篇幅，且有些先贤的资料已经佚失，不得不割爱，实为遗憾。另鉴于笔者才疏学浅，力所不逮，本书内容难免有所纰漏，不尽人意，敬请各位方家读者见谅与赐教。

雁过留声，先贤们留下的雪泥鸿爪是澄邑吾辈集体的历史记忆，他们所体现的坚韧不拔、刻苦耐劳的"红头船精神"给予后人的深刻启迪，足以激励一代又一代的澄海人坚强奋斗、发光发热，继续为国家的昌盛与繁荣贡献一分力量。欣逢新加坡庆祝建国金禧，谨以本书为之贺，并与诸君共勉。

李志贤
谨识于宇涵轩
2015 年 10 月 25 日

（李志贤，新加坡国立大学中文系副主任、博士生导师）

凡　例

一、本书收录自新加坡（石叻）开埠以来，生活在新加坡或在某段长时间内活跃于新加坡，祖籍中国广东省澄海县（今为汕头市辖下澄海区和其他地区）的先哲，包括政治、外交、工运、工商、金融、学术、文化等各界之已故知名人士。

二、本书收录先哲人数凡五十位，入传人物以下列遴选标准为据：

对新加坡社会与国家发展有贡献；

热心社会公益与服务社群；

于华人或潮人社团中担任重要职位；

在某行业或专业有特别建树和具代表性；

学有专长，在文化与教育界负有盛名；

新加坡本地街道或地区以其命名，以纪念其贡献；

有特别事迹或被潮社所特别推崇。

三、本书所收录人物，其生平事迹据确实之文献资料撰写，部分篇章内容附有注释，以资说明，篇末详列参考资料来源。

四、每篇传略之篇幅以两千字为上限，少数几位具代表性之重要人物或资料较为丰富者之传略例外。每篇亦附个人照一张及相关历史照片或文献图片。

五、每篇传略以人物姓名编目，并附生卒年，内容亦包括其祖籍地，无法确定者附注释说明。为免书写流于"八股"形式，篇章内容在个别人物传略中或以不同方式呈现。

六、为求完整保存史料，每位人物皆附英文拼音姓名。英文拼音姓名以新加坡本地有关文献所用之潮州方言英文拼音为准，或采用人物本身惯用之英文拼音姓名，无法查出或确定其姓名之潮州方言英文拼音者，则以汉语拼音代之，并附注释说明。

七、按学术惯例，书中人物姓名之后不加尊称、荣衔或专业称谓。

八、书中收录之先哲排名不分先后，以出生年份依序而列。出生年份不详或有待核实者皆附注释说明。依出生年份为序介绍先哲之事迹，不仅为表现吾人长幼有序、敬老尊老之精神，亦有助于读者了解澄海乡亲在新加坡的历史与发展脉络。

九、为使读者对新加坡澄海社群的历史与发展脉络有更深入的了解，本书附《话不尽的移民潮——澄海华侨沧桑史》一文。

十、书末附有先哲中英文姓名索引，以便读者检索。

总　序 ……………………………………………… 1

序　一 ……………………………………… 李秀炎　1

序　二 ……………………………………… 林伦伦　1

序　三 ………………………………………… 黄　挺　1

序　四 ……………………………………… 蔡志祥　1

前　言 ……………………………………………… 1

凡　例 ……………………………………………… 1

佘有进 ……………………………………………… 1

黄松亭 ……………………………………………… 6

蔡子庸 ……………………………………………… 11

佘连城 ……………………………………………… 14

蓝金昇 ……………………………………………… 18

卢新科 ……………………………………………… 22

佘柏城 ……………………………………………… 26

黄仙舟 ……………………………………………… 29

林义顺 ……………………………………………… 32

蓝伟烈 ……………………………………………… 38

李伟南 ……………………………………………… 41

黄芹生 ……………………………………………… 47

陈煏榆 ……………………………………………… 50

李秉衡 ……………………………………………… 53

李合平 ……………………………………………… 56

洪开榜 ……………………………………………… 59

陈三余 ……………………………………………… 63

陈秋槎 ……………………………………………… 66

陈辑铭 ……………………………………………… 69

陈肯构 ……………………………………………… 72

吴慎修 ……………………………………………… 75

目
录

欧阳奇 ……………………………………… 78

李略俊 ……………………………………… 82

李仰光 ……………………………………… 85

林忠邦 ……………………………………… 89

陈立纲 ……………………………………… 93

潘忠存 ……………………………………… 95

陈景夔 ……………………………………… 98

王纯德（仰全）…………………………… 100

蔡寰青 …………………………………… 102

黄勖吾 …………………………………… 107

张寿仁 …………………………………… 110

陈宗瑞 …………………………………… 114

吴以湘 …………………………………… 118

王维新 …………………………………… 121

周镇豪 …………………………………… 124

翁克德 …………………………………… 127

杨如山 …………………………………… 129

黄寿松 …………………………………… 132

陈松锐 …………………………………… 135

王君实 …………………………………… 138

秦　牧 …………………………………… 140

张锦茂 …………………………………… 143

陈立健 …………………………………… 146

佘美国 …………………………………… 149

李毓湘 …………………………………… 152

高启智 …………………………………… 155

王思宗 …………………………………… 159

陈天立 …………………………………… 162

蔡逸溪 …………………………………… 165

附录一　话不尽的移民潮——澄海华侨沧桑史 ……… 169

附录二　新加坡澄海籍人士开设/担任司理之批局 ………… 182

索　引 …………………………………… 184

一
脉
相
承
：
石
叻
澄
邑
先
哲
传
略

佘有进

Seah Eu Chin
(1805—1883)

佘有进，字邦从，是新加坡开埠后第一代华人侨领和潮人富豪，有"佘皇帝"之称。

祖籍澄海县玉浦村（今属汕头市金平区月浦街道）的佘有进出生于 1805 年，父亲佘庆烈曾经担任普宁县县吏。1823 年，年仅十八岁的佘有进就只身赴新加坡。那时，新加坡开埠仅仅四年，华人移民并不多，佘氏因知书识字而备受器重，又勤奋自学而通晓英文，因而奠定了他日后发展的基础。

刚到新加坡时，佘有进曾在各艘船舶上担任文书兼管账，并随船航行往来于马六甲海峡各埠、廖内群岛以及马来半岛各地。在海上漂泊生活的五年，使他逐渐了解马来人的风俗喜好，并跟他们相处融洽，这也为他以后的生意发展制造了一个有利的条件。

在担任当时大商号之一的金瑞号的司账期间，佘有进渐展才能，不久，就在吉宁街（今 Cross Street）一带自立门户。之前所累积的航行经验，使得他深知航行船只的需要，因此，在 1830 年，年仅二十五岁的佘有进，就已经成为许多船舶的代理人，凡是在廖内群岛、苏门答腊及马来半岛各口岸航行的船只，所需要的物品都交由他代为购买，这些船只所载的货物也由他代为销售，他从中抽取佣金。

累积了足够的资金后，佘有进开始大量购置地产，致力于种植业。1835 年，他先在里峇峇利路（River Valley Road）上段、武吉知马路（Bukit Timah Road）与汤申路（Thomson Road）一带购买园围达八英里多的土地，并在这些土地上试种茶叶、豆蔻以及其他热带农产品，但都没有成功。不久，他开始改种甘蜜、胡椒，最终获得厚利，也因此而成为新加坡第一位种植甘蜜、胡椒的商人。

佘有进也经营棉织品和茶叶，他的商号有进公司（Eu Chin Co.）与欧洲的商行有大宗的贸易往来，在欧洲商人中享有盛誉。1840年，佘有进成为新加坡商会会员，这一商会由欧亚商人所组成，华商中只有少数几家商店加入。有进公司业务蒸蒸日上，佘有进还在怒吻基（North Boat Quay）附近建立了一幢豪宅，在当时被称为潮人四大厝之一。1864年，年近六十的佘有进开始将业务交给长子石城、次子连城以及妻舅陈成宝管理，自己则吟诗作对，安享晚年。在近四十年的从商生涯中，佘有进不仅累积了大量资本，也赢得了卓越的声誉及产生了广泛的社会影响力，这也成为他参与政治事务和社会工作的推动力。

佘有进可以说是最早定居在新加坡的潮州知识分子之一。他从小读书识字，学识渊博，有如此背景

HE HAS 1,000 DESCENDANTS..
This union is a family affair

Free Press Staff Reporter

THE LATEST issue of the Singapore Gazette lists 867 societies, exempted from registration, and one of them is the "Seah Eu Chin's Descendants' Union".

Behind this name is a most remarkable Chinese family story.

Mr. Seah Eu Chin was one of the earliest settlers in Singapore.

The union, the only one of its kind in the Colony, has existed for more than 20 years to strengthen the family ties of the Seahs.

One of the founders, Mr. Seah Peng Khern, who is on the committee told the Free Press yesterday that there are at least 1,000 descendants in Singapore and the Federation.

"Altogether five generations of the family have settled here," he added.

The members meet on important occasions to discuss matters of common interest or to get to know one another.

To become a member, a Seah must fill a form showing to which generation and branch of the family he belongs. Only men are eligible.

Mr. Seah who is the great-grandson of Mr. Eu Chin said: "We hope to secure a clubhouse so that members can meet more often."

Mr. Seah Eu Chin was mentioned in "A Hundred Years' History of the Chinese in Singapore" written by the late Sir Ong Siang Song.

Born in 1805 in Swatow in the sub-prefecture of Theng-hai, Mr. Seah came to Singapore in 1823.

He worked his way to Singapore as a clerk on board a Chinese junk later became engaged in barter trade with the Malays. When he was scarcely 25, he set up business in Kling Street and later in Circular Road as a commission agent supplying junks trading between Singapore and neighbouring ports.

It is believed that he was the first to start gambier and pepper planting on a large scale in Singapore.

In 1850, he headed the Chinese deputation which waited upon the Governor-General, Lord Dalhousie, on his arrival in Singapore. From 1851, he was frequently summoned to act as a grand juror.

He rendered many valuable services to the Government, especially during the great Hokien and Teochew riots in 1854.

When Col. Ord became the first Governor of the Straits Settlements under the Crown, he was made a Justice of the Peace—one of the first Chinese to receive this distinction.

He retired from active business in 1864 when he was 61 and spent the remaining years of his life in the study of Chinese literature.

He was appointed a trustee of the Teochew Chinese burial ground in Orchard Road in 1875. He died in 1883 at the age of 78.

（图片来源：The Singapore Free Press, 1953 年 5 月 22 日）

的人，在新加坡早期的华人社会中是非常少见的。他撰写文章介绍新加坡华人社会概况，并因此被欧洲商人们视为中国文人。1847 年到 1848 年的两年间，当时著名的英文学报《印度群岛及东亚学报》（*Journal of the Indian Archipelago and Eastern Asia*，由 James Richardson Logan 主编，故又称 *Logan's Journal*，中文刊名一译"乐安杂志"）中的第一卷及第二卷，曾经翻译佘有进的两篇文章——《华人瞻仰父母的汇款》《新加坡华人的人口、帮群和职业》。① 文章对于新加坡华侨

---

① 佘有进所发表的两篇英译论文为：Annual remittances by Chinese Immigrants to Their Families in China, in *Journal of the Indian Archipelago and East Asia*, v. I, 1847, pp. 35 – 36. The Chinese in Singapore, General Sketch of the Numbers, Tribes and Avocations of the Chinese in Singapore, in *Journal of the Indian Archipelago and Eastern Asia*, v. II, 1848, pp. 283 –290.

的籍贯、职业和数目以及侨汇情况等，都有详细的分析。文章称新加坡当时有华侨四万人，但是 1849 年警察局所调查的为 24 700 人，两者似乎不吻合，这可能是由于调查并未彻底所导致的。尽管如此，作为第一代的华侨移民和一介华商，其文章对于华侨人口作有系统的统计和调查，并且得以刊登在著名的英文学报上，在当时已属首创。除此之外，佘氏还著有《新加坡华侨社会史》。

如前所述，佘有进在商业上所取得的成就，使得他在新加坡华人社会中具有崇高地位，成为华侨领袖之一，并且获得祖籍国清政府和英国殖民地政府两方的信任与器重。清廷授予他中宪大夫衔，而殖民地政府自从 1851 年开始就经常征请佘氏为法庭陪审员，凡是有关华侨的案件，都会向他咨询。1854 年，闽粤两帮私会党发生大格斗，局势严峻，军警镇压不下，殖民地总督请佘有进和闽帮侨领陈金声出面调停，才得以平息动乱，可见其在华社之影响力。1856 年，麦克考思兰爵士（Sir Richard Bolton McCausland）就任殖民地法官后，因看重佘有进办事公正果断，凡是遇到华侨诉讼案件，常常委托他代为裁决，所以佘氏事实上已成为法官。1863 年 12 月 11 日，新加坡各籍贯侨领在市政厅（The Town Hall）集会，讨论殖民地转归英皇直接管辖的问题，佘氏是参与的唯一一位华人代表。第二年，政府任命五位华侨为高级陪审员，佘有进又成为其中之一。之后，海峡殖民地转为英皇直辖，佘有进被委为第一任的太平局绅（Justice of the Peace），并在 1872 年被授予名誉推事的头衔，协助办理司法行政事务。

除了在商业、政治上的发展外，佘有进也非常热心于社会公益事业，为侨胞谋福利。1850 年 2 月，印度总督胡尔斯勋爵（Lord Dalhousie）抵新巡视，佘有进带领侨胞们欢迎，并倡议建立纪念塔，该塔至今仍然矗立在安德逊桥（Anderson Bridge）附近。之后，海峡殖民地总督白德孚斯上校（Colonel William John Butterworth）曾亲自写信致谢。在同年的 3 月 23 日，佘有进与陈金声等十一人联名请白德孚斯上校代为呈请印度总督，给予华侨较优惠的待遇。

中国平民医院（Chinese Pauper Hospital），即陈笃生医院，在 1844 年成立之后，由政府委任一个委员会管理，佘有进与胡亚基同为委员会委员，胡理财政，佘则管理其他日常事务。1851 年，白德孚斯上校到欧洲度假时，曾发表讲话，对佘有进服务医院的精神大为称赞。

佘有进也曾担任莱佛士书院（Raffles Institution）华人董事、东陵和乌节路一带潮侨墓地泰山亭委托人，对发展华人的教育、福利事业不遗余力。1845 年佘氏联合潮州十二姓人士，捐资发起组织义安公司，并担任总理，十二姓则每姓派出一人为佐理。在其领导下，义安公司购置墓地供乡亲安葬先人，并购置其他产

业，为公司以后的发展奠下基础。余有进去世后，其子佘连城、孙子佘应忠袭任，潮人的帮权长期掌控在佘氏家族手中。

虽然没有确凿的史料可以佐证，但我们可以推测，作为当时的潮人侨领，以及醉花林俱乐部的发起人陈成宝的姐夫，余有进应不仅会参与醉花林俱乐部的活动，而且可能曾支持和协助陈成宝推动及创立醉花林俱乐部。余有进的原配和继室是姐妹，为霹雳甲必丹陈亚汉的女儿，即侨领陈成宝的两位姐姐。余有进育有四男三女。长子石城，曾任太平局绅；次子连城，被委为立法会议员多年；三子松城，致力于商务；四子柏城、孙子应忠也是太平局绅。佘氏一门父子祖孙三代有四人荣任太平局绅，又或受委为陪审员、推事或立法议员等官职，可谓家世显赫，无人可以媲美，故余有进有"佘皇帝"之美称。为了纪念他对早期新加坡社会的贡献，政府还将中峇鲁（Tiong Bahru）地带的一条横街命名为有进街（Eu Chin Street）。1883 年 9 月 23 日，余有进以七十八岁的高龄在新加坡住家逝世，葬于汤申路私人园地振春园。但是，不知从什么时候开始，余有进的墓地无人打理，最终被人遗忘，而他的私人园地也长期荒废，无人问津。一直到 2012年 11 月下旬，隐没在大巴窑附近一片丛林中的余有进古墓才被发现。潮州八邑会馆在征求了义安公司和余有进后裔的意见后，决定清理墓园，并在 2013 年 9 月 27 日在古墓前举行了一个隆重的祭祀仪式，纪念余有进的一百三十周年忌日。当天举行的潮州人传统祭祀仪式由修德善堂养心社主持，本地多个潮人社团，包括澄海、潮安、普宁和揭阳等会馆，在潮州八邑会馆会长郭明忠、余有进的第五代后裔佘继顺和佘氏公会荣誉会长佘锡彬的带领下，向这位潮人先贤上香祭奠。

参考文献

［1］Song Ong Siang ，*One Hundred Years' History of the Chinese in Singapore*，Singapore：Oxford University Press，1984，pp. 19－22，43，63，73，80－84，129，131，139，143，162，170，212，262，336.

［2］本篇转载自拙作《春秋留名：醉花林先贤传略——余有进》，《流金岁月：新加坡醉花林俱乐部一六六周年暨新会所开幕双庆纪念特刊》（增订本），新加坡：醉花林俱乐部，2012 年，第 152－154 页。笔者稍作增订。

［3］《多个潮人组织与家族祭奠先驱人物余有进》，《联合早报》，2013 年 9 月 28 日。

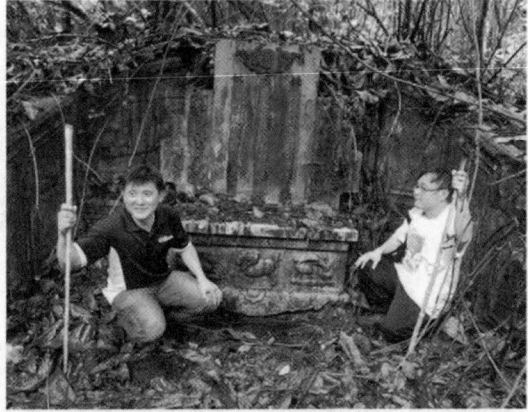

亚洲超自然侦探协会创办人吴安全（右）和弟弟吴安宏，经过一年的寻觅后，发现佘有进和两位夫人合葬的墓园。（唐家鸿摄）

义安公司创始人佘有进墓园找到了

@魏瑜嵘
elynh@sph.com.sg

义安公司创始人佘有进
（1805－1883），被发现群
在大巴窑镇造一座状似完宝
的攻山顶端，不过在墓园甲
已被丛生命树和蔓蔓漫没，
半个多世纪来，几乎没有人
知道这个古林园水眠著本地
名噪一时的先辈人物。

上个星期五，亚洲超自

然侦探协会创办人吴安全
（右）和弟弟吴安宏，经过
一年的寻见后，在汤申路附
近的大巴窑西路，发现佘有
进和两位夫人合葬的墓园。

佘有进墓园占地面积相
信和较早发现的本地最大的
闽籍富商王三龙墓园差不
多。由于年代久远，坟墓一
条石角也已削落，但从四周
墙围墙和福神位置，不难看
出墓园的完形。

这相信是本地目前所发
现的最大阁籍人坟墓。

佘有进有"甘蜜大王"
称号，中峇鲁区内的"有进
街"（Eu Chin Street）就
是以他的名字命名。

他有四个儿子。其中峇
苏桥北路的城城街（Liang
Seah Street）和丹戎巴
葛的柏城街（Peck Seah
Street），是以他两个在华
社都有名望的儿子佘连城和

佘柏城名字命名，他们俩曾
被英国殖民地政府封为太平
绅士。

提起，由于古墓园所在
之地，别好是路路交通管理
局去年公布知建的南北高速
公路大巴窑城出入口，很可
能会被迫让路。

相关新闻刊第6页

（图片来源：《联合早报》，2012 年
11 月 25 日）

2012 年 11 月下旬被发现的佘有进古墓墓碑
（图片来源：《联合早报》，2012 年 11 月 25 日）

佘
有
进

5

黄松亭

Ng Song Teng

（？—1924）

　　来自澄海外埔乡（今汕头市澄海区凤翔街道外埔社区）的黄松亭，早年曾在汕头贩卖鱼露（广东人常食用的一种调味品）。在通过辛勤经营积蓄了一些资金后，他转行经营侨批局业务。由于黄松亭所创立的侨批局是汕头地区最早的侨批局之一，因此凡是有关汕头侨批局的研究，都必然会提及黄松亭。

　　1875年，黄松亭创立了在潮汕侨批业发展中占据重要地位、闻名于世的侨批局"森峰号"。1879年，黄松亭又与魏福罗合资成立揭阳森峰启记，全权代理"森峰号"在揭阳地区的业务，由魏福罗出任掌柜，这也是另一批局"魏启峰批局"的前身。十五年后，六十岁的魏福罗退居二线，其子魏履巧继任批局司理。他上任不久，黄松亭为答谢魏氏父子对"森峰号"的贡献，将自己的部分股权让出，森峰启记也更名为启峰森记。不久，黄松亭又以"吾年事已高，力不从心"为由转让所有股份，批局也因此成为魏家独资经营。

　　黄松亭与新加坡的联系始于其所经营的售衣业务，他曾出口工人服装给新加坡的商家代售。后因为账务未清，他亲自到新加坡收账，也因此与杜崇烈、黄基业等人合资创办森峰栈于十八间后路（Circular Road），经营绸布及汇兑民信生意。从此，黄松亭的侨批业务涉足汕头及新加坡两地。当他第二次赴新加坡时，又创立"孔明斋纸料店"，营业范围除香汕纸料、账簿文具外，也兼营侨批汇兑业务。黄松亭对新加坡金融和侨批业的贡献，还在于他是四海通银行的创办人之一。关于新加坡四海通银行的创办年份及其与汕头四海通银行的关系，学界有不同的说法。有研究指出，黄松亭于1903年联同新加坡的潮商廖正兴、陈德润等人倡议召集股资一百万元，在汕头创办银行，取名为四海通有限公司，以汕（汕头）叻（新加坡）香（香港）申（上海）汇兑按揭、放息为业务。在汕头的四海通为总公司，他们之后又创办一分公司于新加坡。但也有研究指出，新加坡的四海通银行创立于1912年。而在潘醒农的《马来亚潮侨通鉴》中，李伟南先生的口述记录则指新加坡四海通银行创办于1906年，之后才向海外扩张，在曼谷、香港、汕头等地设立分行。这是较为被普遍接受的说法。四海通银行成立时名为四海通银行保险有限公司（Sze Hai Tong Banking & Insurance Co. Ltd.），银行的名称反映了创办人当初的愿景——兼营保险业务——但最终没有实现，1957年遂改名为四海通银行（Sze Hai Tong Bank Ltd.，1964年改称 Four Seas Communications Bank Ltd.）。虽然关于四海通银行的创立初始众说纷纭，但无可否认，无论是新加坡的四海通银行还是汕头的四海通银行，都是本地最早创立的银行之一，在银行史上意义重大。黄松亭除了是四海通银行的创始人之一，也在银行成立初期担任正司理一职，可谓四海通银行的元老，为该银行早期的发展作出了重要贡献。

　　黄松亭不仅在新加坡和汕头两地扩展自己的事业，也积极参与两地的社会事务。1905年，新加坡华商发起创办新加坡中华总商会（成立之初名为新加坡中华商务总会），黄松亭就为发起人之一。1906年，黄松亭与杨缵文、蓝金昇、蔡子庸等共二十八位潮商共同发起筹办第一所潮侨公立学校端蒙学堂（后改名为"端蒙学校"）。

新加坡端蒙学堂高初级第一届毕业生暨全体同学合影
（图片来源：《新加坡端蒙学校三十周年纪念册》，1936年）

除了支持新加坡本地的教育事业外，黄松亭对家乡的年轻学子也非常关心。清末和民国初年，潮汕地区掀起留学浪潮，当时社会各界都极力推动留学，希望学习西学而强国富民。黄松亭也不为人后，当潮阳学子肖穆君将游学日本，并为岭东游学会广招捐股时，黄松亭也与其他热心人士一起，认捐股本以资助岭东人游学。

黄松亭的确实生卒年已不可考。致成批局后人黄少雄认为是 1840—1922 年，终年 82 岁；江宁却指出黄松亭生于 1835 年，于 1918 年逝世。但据黄松亭孙子黄继镐和孙女黄瑞澂所述，祖父逝世时七八十岁，当时他们的长兄黄继泽（1921—）两三岁；据族人所传，黄松亭于 1924 年夏月在家乡建祖祠，在祖祠建成后不久便逝世了。

今天在外埔乡红十字会（前身为建于 1913 年的外埔"养义善堂"）的门口竖有一块纪念碑，纪念民国十二年（1923）发生"八二"风灾后海内外各乡团、侨团捐出巨资修堤。碑文中清楚记载了黄松亭是当时"外埔乡修堤事务所"的名誉总理。因此，黄松亭于 1924 年后不久逝世的说法较为可信。可惜的是，有关黄松亭家族的一些文献资料在"文化大革命"期间毁失，因此许多详情已不得而知。现在，黄松亭的后嗣分布于中国、新加坡等地。

（本文承蒙中山大学历史系博士研究生胡锐颖惠赐资料，谨此致谢。）

黄松亭全家福（拍摄年代不明）

（图片来源：黄松亭曾孙黄金生提供）

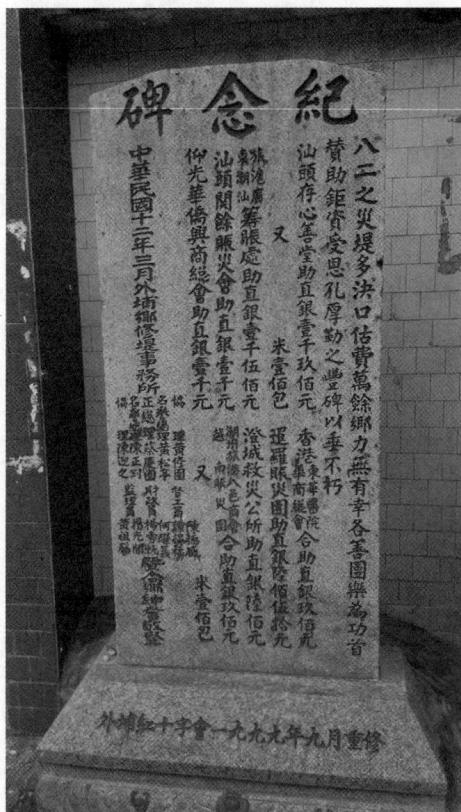

"八二"风灾后海内外乡团、侨团捐出巨资修堤纪念碑

（图片来源：陈史：《澄海外埔有个百年"红十字会"》，南方网，2015 年 11 月 24 日，http：//st. southcn. com/content/2015－11/24/content_ 137513723. htm？from＝singlemessage&isappinstalled＝0）

黄松亭

四海通银行

（图片来源：李志贤：《乘风破浪——新加坡澄海会馆 40 周年纪念，1965—2005》，第 15 页）

9

参考文献

[1] 李谷僧、林国璋：《新加坡端蒙学校三十周年纪念册》，新加坡：端蒙中学，1936年，第11页。

[2] 潘醒农编：《马来亚潮侨通鉴》，新加坡：南岛出版社，1950年，第160页。

[3] 陈维龙：《新马注册商业银行》，新加坡：新加坡世界书局（私人）有限公司，1975年，第16-22页。

[4] 钟佳华：《清末潮汕地区商业组织初探》，《汕头大学学报》1998年第3期，第78-94页。

[5] 陈春声：《近代华侨汇款与侨批业的经营——以潮汕地区的研究为中心》，《中国社会经济史研究》2000年第4期，第57-66页。

[6] 石沧金：《简析新马地区早期华人银行的帮派色彩》，《东南亚纵横》2005年第6期，第52-55页。

[7] 江宁：《汕头"森峰批馆"创设年代的探讨》，潮人网，http：//www.chaorenwang.com/channel/qpwhyj/showdontai.asp? nos=1549，2007年9月7日。

[8] 郑朝焕：《清末民初潮汕留学浪潮述略》，《韩山师范学院学报》2008年第2期，第10-17页。

[9] 蔡辉：《"潮汕第一亲人"百年浮沉》，《新商务周刊》2013年第4期，第104-106页。

[10] 苏杭：《四海通银行》，随笔南洋网，2015年4月28日，http：//www.sgwritings.com/bbs/viewthread.php? tid=79486四海通银行。

[11] 许建新、黄金城、胡锐颖：黄松亭先生家族口述历史访谈记录。口述者：黄继镐、黄瑞澄。访谈日期：2016年4月23日。http：//mp.weixin.qq.com/s/cJjHBY1jSflOR0hUgj9MLg。

[12] 黄少雄：《研究侨批历史要翔实严谨》，《侨批文化》2006年第6期，第94页。

蔡子庸

Chua Chu Yong
(1847—?)①

蔡子庸，以字行，讳名英，少时在家乡澄海县城②受教育，自小就博学多才，并立志从商。稍长后，他远赴上海经商，但没有太大的发展，故不久后即转往天津经营药材及杂货，并将药材及杂货运往汕头进行销售，获利丰厚。几年之后，他发现汕头是糖的著名出产地，于是开始经营蔗糖，还在上海及汉口两地设立商号，以联络协调各地之间的贸易往来。

1874 年，蔡子庸眼见南洋贸易日益兴盛，于是决定将资金转移到新加坡寻求发展，而将中国的生意交由其兄弟管理。到新加坡后，蔡子庸在俗称漆木街的桥南路（South Bridge Road）创设成发绸庄，并兼营红烟和陶瓷。之后，他又与朋友在俗称潮州马车街的沙球路上段（Upper Circular Road）合资创办元发栈，专营米糖，每年营业额高达五百万元，在当时已经是跻入大商行之列。除了新加坡本地的生意外，他还在曼谷设立四所火砻（碾米作坊），每年产出大米总值约一千万元，一半销往新加坡，一半销往香港。在蔡子庸的精心经营下，各项业务都蓬勃发展，盛极一时。

由于在商业上取得显著的成就，蔡子庸在侨界也极负盛名。1905 年，新加坡华商就已开始筹备组织商会，各帮侨领都设立小组，讨论如何筹备进行。当时的潮帮小组，就由蔡子庸、陈云秋、廖正兴三人带领，经常在陈云秋的裕丰商行集会讨论，也时常与各帮小组交换意见。1906 年，商会成立，最初名为新加坡

---

① 蔡子庸卒年已不可考，现存文献里只记载他于 1916 年告老还乡，后逝于家乡。
② 蔡子庸出生于澄海县澄城何处已无文献可考。澄海县城今为汕头市澄海区，分属澄华、凤翔和广益三街道。

中华商务总会，民国之后改为新加坡中华总商会。1907 年，蔡子庸被选为总会第二届总理，并继任第三届副总理，还历任协理及董事多年。蔡子庸在担任总理之时，推行了多项事务，其中比较重要的是议请英政府力禁鸦片。总商会认为鸦片乃妨害华人身家之最毒物，于是多次议请政府订立禁止鸦片的条例，并提出八项建议，包括：让烟馆一律歇业，政府收回鸦片经营权，严禁娼寮提供烟具款客，患鸦片烟瘾者须先向政府注册领取执照方准吸食，请政府严厉执行限制条规，不聘用有烟瘾者，务必使新加坡在五年之内烟患尽绝，不准鸦片再进口以危害社会。

在创立中华商务总会的同一年，蔡子庸等人考虑到侨胞子弟日众，急需兴学以培养年轻一辈，于是倡办端蒙学堂。当年的 10 月 1 日，学堂举行开学典礼，以发起人为临时董事，蔡子庸也被公举为临时正总理。之后，他又被选为首届正总理，并连任总理十届，对学校初期的建设贡献巨大。当他于 1916 年因年事已高而辞职回家乡休养之际，端蒙学校的学生特别列队于码头欢送，以报答其办学和培养后进的热忱。

蔡子庸对于儒家思想和孔学也非常支持。1902 年，他和一批华商发起创建孔庙学堂，并出任创建董事。1914 年，南洋孔教会的前身"实得力孔教会"①成立，他也担任第一任董事。

蔡子庸旅居新加坡数十年，除了奉献于中华总商会、端蒙学校及支持儒学外，也非常热心于当地社会和中国的慈善事业，在新加坡的潮侨中，常常居于领导地位。1869 年，他曾被新加坡英殖民地政府委任为华民政务司署参事。几年后，英皇储访问新加坡，华侨参与彩饰街道，蔡子庸又被太平局绅选为监督人之一。当康纳公爵和公爵夫人（Duke and Duchess of Connaught）莅新之际，他也担任同样的义务工作。1902 年，家乡潮州地区发生米荒，蔡子庸更是领导新加坡潮侨，将价值三万元的大米运到汕头，按照成本以平价出售，解决灾民的饥荒问题，其关怀乡梓之情，可见一斑。

蔡子庸虽在晚年还乡养老、落叶归根，但他在新加坡所开创的中华总商会、端蒙学校等机构却持续发扬光大，造福更多华商和学子。

---

① "实得力"即 Straits Settlements 中"Straits"（海峡）的音译，意指当时英国的海峡殖民地槟城、马六甲和新加坡。

创建孔庙学堂，任创建董事

（图片来源：《天南新报》，1902年3月20日）

参考文献

[1] 李谷僧、林国璋：《新加坡端蒙学校三十周年纪念册》，新加坡：端蒙中学，1936年，第11页。

[2] 潘醒农：《马来亚潮侨通鉴》，新加坡：南岛出版社，1950年，第195页。

[3] 刘天凤：《新加坡中华总商会沧桑史》，《南洋文摘》（第五卷），新加坡：南洋文摘社，1964年11月，第28-29页。

[4]（作者不详）《新加坡总商会史录》，《新加坡中华总商会八十周年纪念特刊》，新加坡：中华总商会，1986年，第87-88页。

[5] 柯木林：《新华历史人物列传》，新加坡：教育出版私营有限公司，1995年，第205页。

[6]《本会简史》，南洋孔教会网站，http://www.kongzi.org.sg/history_nyc2.html。

佘连城

Seah Liang Seah
(1850—1925)

　　佘连城出生于新加坡著名的佘氏家族，为著名侨领和巨富佘有进的次子，也是其四个儿子中最有名的一位。佘连城祖籍澄海县岐山玉浦村（今汕头市金平区月浦街道），母亲是佘有进原配夫人的妹妹，霹雳甲必丹陈亚汉的女儿。佘连城生于新加坡，可谓是道地的"峇峇"[①]，小时候便由父亲亲自教授华文，后再进入圣若瑟书院（St. Joseph's Institution）接受英文教育，这为他日后精通英文而能在殖民地政府中左右逢源提供了有利的条件。

　　佘连城在十七岁结婚后，进入父亲的公司协助管理日常业务。由于精明能干，他逐渐闻名于商界。但佘连城并不满足于只在家族企业中工作，而希望能够开拓自己的一番事业。于是，他与朋友合股在汤申路创办了振春黄梨厂，专门生产黄梨（菠萝）罐头，畅销于泰国等地。后来，该厂由佘连城独资经营，改名为振业黄梨厂，所出品的"猛虎"与"博战"两种商标的罐头远销欧洲等国。佘连城商业眼光独到，为了供应生产罐头所需的原产品，他在实龙岗路（Serangoon Road）购地九十英亩，专门种植黄梨，这样既保证了黄梨的来源，又降低了成本，从而使该厂成为当时新加坡知名的黄梨生产商。

　　父亲佘有进是新加坡第一位华人太平局绅，佘连城自年轻时就经常随父亲出入于各种交际场合，在潜移默化之下，他也热衷于参与社会活动，关心公益。而这也为他提供了一个平台，以较早和各界社会贤达建立密切的联系和良好的关系，尤其是和殖民地政府的官员。1883 年，当时的立法会议员居礼氏（Andrew

---

　　① "峇峇"（Baba）泛指海峡土生的华人（Peranakan Cina）男性，女性则称"娘惹"（Nyonya），以区别当时那些来自中国的华人移民。

Currie）因事请假，向来欣赏佘连城为人处世和在华社的领导能力的殖民地总督威尔特爵士（Sir Frederick Weld）随即委任他暂代这一空缺。这是继胡亚基在1880年逝世后，再有华人担任立法会议员的大事，这一消息宣布后，华社极其兴奋，与有荣焉。1884年，英女皇批准委任佘连城为永久议员。从此以后，佘连城长期成为华人社团与英国政府之间的沟通桥梁，也开启了殖民地政府立法议会皆有华侨代表的先例。1890年，佘连城以潮帮首席代表的身份出席甫于当年成立的华人咨议局（Chinese Advisory Board）首次会议。

佘连城是一个优秀的外交人才，在英国政府与华人社群之间游刃有余，他与派驻新加坡的历任总督关系都非常好，也经常代表华人社团参与各种活动。例如，1887年，在维多利亚女皇登基金禧纪念日，新加坡各界人士在市政厅举行庆祝仪式，许多国家的外交官也受邀出席。在庆典上，佘连城代表海峡殖民地十七万华侨用英语致贺词，他用词精确，发言流利，受到与会者的钦佩。1901年他再次代表本地华侨，在欢迎到访的约克公爵与公爵夫人（Duke and Duchess of York）（即前英国国王乔治五世 King George V 与玛丽皇后 Queen Mary）的仪式上致辞。同年，暹罗国王拉玛五世（即朱拉隆功国王，King Chulalongkorn）赴爪哇经新加坡，佘连城与各界侨领热烈欢迎，拉玛五世对他留下深刻印象，陪同的暹罗将军还称赞他善于辞令，是"真正的外交人才"。

佘连城能与英国政府保持良好的关系，除了其外交才能外，也与其高超的英语语言能力和喜好应酬交际的性格有关。他经常邀请英国各界人士到家中做客，并用英语与他们交谈。例如，英国作家弗洛伦斯·坎迪夫人（Mrs. Florence Candy）就曾受邀到佘府茶叙，欣赏佘连城所种的玫瑰花。坎迪夫人非常惊讶他"英语说得很灵光""对欧洲情况非常熟悉"。佘连城也曾在住家举行舞会，邀请英国步兵团（The Buffs）铜乐队演奏。1895年，佘连城还购买了广帮侨领胡亚基生前的产业南生花园，并改名为明丽花园（Bendemeer Villa），作为家居宅第及应酬交际的私人场所。翌年，清政府军机大臣李鸿章出访经过新加坡，就在当时中国驻新加坡总领事张振勋的陪同下，前往明丽花园参观，佘连城亲予接待。

佘连城虽然与英国政府有良好的关系，但对于一些不利于华侨的政策，他也敢于代表华社发声。例如，1894年，陈若锦辞去立法会非官方议员，总督委任佘连城继任。但他任职不到一年，就因反对英国政府处理国防捐款不当，而与新加坡其他非官方议员一起辞职。1917年，英国政府为供给英国的战争经费，计划征收战时所得税。华社得知后非常不满，由新加坡及槟榔屿中华总商会相继呈请英政府撤销此计划，并建议政府增收奢侈品的入口税，以增加国库收入。总督于是委派佘连城等二十二人组成委员会，讨论并拟定替代的方法，再呈请总督施行。后来，政府又派发公债，华商被派发巨大的份额。佘连城又与陈若锦等一千两百位华侨富商，向政府呈请应按所得纳税，以示公正。不久，立法会议就通过《战时所得税法》。在"一战"期间，华社不遗余力对英国进行援助。而在关系到华人传统礼俗的坟地议题上，佘连城也多次与议政局展开辩论。

由于长期游走于英国上层社会及华社之间，东西方文化的某些矛盾不免出现在佘连城身上，进而影响到他在华社的地位。例如，佘连城非常重视教育，还曾撰文提出为人父者应该竭尽所能，让孩子接受最优良的教育。他也不遗余力地筹办英皇爱德华七世纪念基金，资助爱德华七世医学院，支持维多利亚奖学金等，以兴教育。然而，1906年，当潮帮资助及创立新加坡首间潮人学校——端蒙学堂时，佘连城不在该校的领导层名单里；当年新加坡中华商务总会成立，他也未在发起人之列。有学者认为这与华社认为佘连城崇尚英文教育并太过"西化"不无关系。但佘连城身上又保留着传统文化的一些影子。例如，他从年轻到年迈，每逢出席重大活动，都喜欢穿着华人传统服装。与他类似的海峡华人被称为"保守派"，他们与另一派更为"西化"、被称为"改良派"的海峡华人又存在着分化与隔阂。

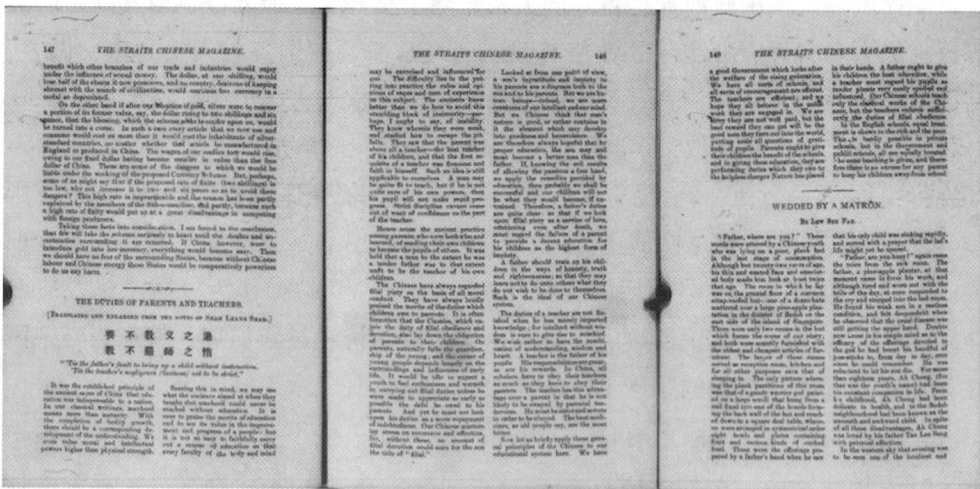

佘连城于 *The Straits Chinese Magazine* 上所发表的文章 The Duties of Parents and Teachers

（图片来源：*The Straits Chinese Magazine*，December 1897，pp. 147 – 149）

虽然佘连城在华社中的地位和影响具有多面性，但对于一般的华人而言，佘连城仍是一个能为华人请命、在许多具体事件上作出贡献的领导人。当地人都笑称他是"两双半袜"，这个雅号，有其"典故"。由于东南亚地区天气炎热，当地居民大多不穿袜子，光脚穿着拖鞋。但佘连城为官为商，忙于应酬，经常奔走于许多官方和正式的场合，必须要穿上袜子。"两双半袜"中的一双袜子就是指佘连城，另一双是指著名的福建帮侨领陈金钟，还有半双则指闽籍木材商陈送。从另一个严肃的角度来看，这一雅号其实是佘连城经常奔波于英国政府与华社之间，为两者搭建起一条沟通桥梁的一个真实写照。

佘连城于 1925 年逝世。为了纪念这位侨生的华社领袖对新加坡社会所作的贡献，政府将小坡（North Bridge Road）的一条马路命名为连城街（Liang Seah Street）。此外，在现今东北地铁线的文庆地铁站前立有一地标，上嵌一方长 72 厘米、宽 36 厘米的碑刻，碑文指出佘连城于 1885 年购此产业（明丽花园）后，区内的道路遂于 1929 年被命名为明地迷亚路。虽然碑文上所载的信息与历史资料有所出入，但毕竟也是后人为了表达对佘连城的纪念而立。

参考文献

［1］潘醒农：《马来亚潮侨通鉴》，新加坡：南岛出版社，1950 年，第 81－83 页。

［2］Song Ong Siang，*One Hundred Year's History of the Chinese in Singapore*，Singapore：Oxford University Press，1984，pp. 249－557.

［3］邱新民：《新加坡先驱人物》（增订本），新加坡：胜友书局，1991 年，第 122 页。

［4］柯木林：《新华历史人物列传》，新加坡：教育出版私营有限公司，1995 年，第 105 页。

［5］叶观仕：《马来西亚华人先贤录》，雪兰莪：名人出版社，2010 年，第 70 页。

［6］张健伟：《异视同人——华政、华商、华民对佘连城的不同的看法》，新加坡国立大学中文系"海外华人专题"论文，2010 年。

［7］何启良：《马来西亚华人人物志》（第三卷），吉隆坡：拉曼大学中华研究中心，2014 年，第 1070－1073 页。

蓝金昇

Nah Kim Seng

(1859—1919)①

　　出生于澄海县樟林镇南社（今属汕头市澄海区东里镇南社村）的蓝金昇，据说长相较奇特，头长得有点凸，从小就常被邻里唤为"酷头"。他年幼时因家境中落而失学，但其天资聪明而好学，至显达之时，已谙文字，并且能执笔书写。

　　蓝金昇离开家乡远赴南洋的时候，正是海禁初开之时。当时的新加坡，正处于开发阶段，商业尚未兴盛。蓝金昇以一艘小船开始他的商业旅程。他驾驶小船与货船进行日用杂货贸易。由于为人诚实，深获贸易伙伴的信任，大家都乐于和他做生意。小船于大海中浮沉，不仅日晒雨淋，还要冒极大的风险。但蓝金昇靠着这艘小船还有常人所无法具备的坚忍刻苦、勤劳节俭的精神，为今后的商业发展积累了资本。有了足够的资本之后，蓝金昇便舍弃在海上做生意，改在梧槽巴刹（即位于 Rochor Road 的市场）经营栳枳（即槟榔）生意。他对市场有敏锐的觉察力，当察觉泰国是栳枳的消费地时，就马上到泰国招徕乡亲，合资创办裕盛厂，同时在新加坡创办裕盛栈，由此在两地建立起商业联系，即从新加坡运送栳枳和糖到泰国，再从泰国运送鱼干和大米到新加坡销售。其营业额迅速增长，不久就扩展为闻名的九八行（代理商家）。然而，蓝金昇并不就此满足，重新投入海运行业，不过这次规模却扩大许多，他购买了一艘轮船，运载自己的货品往来

---

　　① 蓝金昇之生卒年已无文献可考。一说蓝金昇于 1912 年逝世，享年五十三岁。见 http://blog. sina. com. cn/s/blog_615c31530100ecyj. html。但笔者查阅新加坡早期英文报章，从 1910—1919 年皆未提到他去世，而 1919 年首次出现他"deceased"的通告。此外，其侄蓝伟烈在潘醒农编的《马来亚潮侨通鉴》介绍蓝金昇的篇章里，谓蓝金昇逝世时方届六旬。笔者以此推断蓝金昇的生卒年为 1859—1919 年前后，唯须作进一步考证。

于新加坡和泰国之间，在海上与欧洲的商人抗衡。如果不是具有非一般的胆识，又怎能有如此魄力？

当时在新加坡经营二盘米业的，都是闽籍商人，市场的涨跌，也都由他们左右。但蓝金昇决心打破这一局面，他先后创立创信盛和裕昌盛两号，由其开始，潮籍商人也开始进入米郊这一领域。短短几年的时间，潮籍商人的势力已经能够与闽籍商人持平。蓝金昇首创潮籍商人的二盘米业，既能让乡侨进入该行业，又能培养米业界的人才，对早期潮帮的经济发展有很大贡献，也产生不小的影响。在经营米郊之余，蓝金昇也代理糖业，之后又于泗水、香港、泰国等地创立商行，其业务开始具备跨国性质。

值得一提的是，1906 年，蓝金昇还与黄松亭等人联合倡组四海通银行保险有限公司，把商业资本转化为金融资本，使同侨的金融得以周转。该公司于 1907 年 1 月 7 日开始正式营业，专做放息、按揭、积聚汇兑等生意，黄松亭为正司理，蓝金昇则为协理。该公司也是新加坡最早的华人保险有限公司之一，1957 年改名为四海通银行。

（图片来源：《叻报》，1907 年 1 月 7 日）

在事业成功的同时，蓝金昇也热心参与本地的社团组织。1905 年，新加坡的华商筹备组织商会，蓝金昇参与了筹备工作。1906 年，新加坡中华商务总会（民国后改名为新加坡中华总商会）正式成立，蓝金昇成为发起人之一。第二年，他又连同其他二十七位潮籍先辈倡议组建端蒙学堂，培养潮侨子弟。这项义举获得潮籍社群的积极响应，共筹得三万多元作为办学基金。当时恰逢两广总督张人骏派刘仕骥南来视学，刘仕骥与各位发起人商讨后，决定租赁禧街五十二号的店屋作为学校，并于 1906 年 11 月 16 日举行开学典礼。

蓝金昇虽然在新加坡生活多年，事业也发展于此，但他仍然情牵故里。晚年时期，他就在家乡建了南盛新乡，占地八十多亩，总共由七十座房子组成，屋宇美轮美奂，气派不凡。他同时也创办镇平小学，使得乡里的莘莘学子可以就学。

此外，民间也流传着一些有关蓝金昇的小故事。据说 1909 年华北、华东水灾，蓝金昇赈灾有功，荣获清廷授予"大夫衔"，并赐衣冠，以资嘉奖。他因此得以买下家乡荣盛里的八十亩地，并在建成的祠堂内吊了一个竹篮，希望子孙后代不忘祖先创业的艰辛。因为在潮汕地区，竹篮有很多用途，用来上市买菜的叫"市篮"，这个市篮也是出国谋生的标志，俗话说"背个市篮去过番"。但竹篮也可以用来装猪牛的粪便，成为"猪屎篮"，所以另一说则认为蓝金昇吊了这个篮，是因为其母曾是一个拾猪粪的人。

虽然现在存留下来的祠堂经过翻修后已看不出原貌，但从建筑结构和遗留下来的部分装饰还是能看出主人当年显赫的地位和殷实的家底。祠堂最主要的格局：中间是一座建筑，在澄海叫"驷马拖车"，两边有两座"大夫第"，因蓝金昇所被授予的官衔而得名。"大夫第"的建设格局是"三门制"。"三门制"即是说建筑物要"三进（门）"，进来过一个埕就算是"一进"，再过一个埕就算"二进"，再进到里面就是"三进"，要有官衔的人才能设这种"三进制"的门。据村里的人说，当年这里的石柱、持门鼓都是用最上层的石料加工做成的，大大小小木楼的木门都刻有名家字画，屋檐也装饰有精美的嵌瓷和泥塑木雕，大厅铺的釉面地砖也是从意大利进口的。

另一个关于蓝金昇的故事则体现了他节俭的精神。传说有一次蓝金昇从樟林坐轿到东里，给了轿夫一个银圆，轿夫说："阿爷，以往阿舍（潮州话称少爷为"阿舍"，这里指蓝金昇的儿子）都是给两个银圆的。"蓝金昇说："阿舍的父亲会赚钱，所以阿舍给两个银圆，阿爷的父亲不会赚钱，所以只能给一个银圆。"真是颇有哲理、值得玩味的一句话。

参考文献

［1］潘醒农：《马来亚潮侨通鉴》，新加坡：南岛出版社，1950 年，第211 – 212 页。

［2］区如柏：《作育英才：潮州人的不朽事业》，《联合早报》，1989 年 10 月 1 日。

［3］柯木林：《新华历史人物列传》，新加坡：教育出版私营有限公司，1995 年，第200 页。

［4］林馥榆、彭涛：《汕头 1860 的记忆》，http：//www. cnki. net。

［5］《蓝氏父子》，http：//bbs. tianya. cn/post – no05 – 259107 – 1. shtml。

［6］《侨宅兴衰悲欢色，蓝氏家族传奇多》，http：//blog. sina. com. cn/s/blog _ 615c31530100ecyj. html。

蓝金昇

卢 新 科

Loh Sin Khway / Lo Sin Khue
（1859—1935）①

卢新科，字登云，另字庭榜，"二战"前新加坡澄海籍潮帮侨领、新加坡中华总商会发起人之一，曾担任英国殖民地政府保良局（Po Leung Kuk，又名Society for the Protection of Women and Children）委员及棋樟山传染病检疫站（St. John's Island Quarantine Station）巡视员，在争取华侨妇女和"新客"（新移民）的权益上作出了一定的贡献。

卢新科1859年生于澄海县冠山乡（今汕头市澄海区澄华街道冠山社区），十六岁时辍学从商，随后南渡新加坡谋生。和早期许多新移民一样，卢新科南来初年先从学徒做起，因肯吃苦和勤劳工作而深受雇主器重。他曾担任本地陈生利商号及陈元利商号经理多年，据悉两家商号当时一切对外事务均由他代表负责，而他在华侨商界中亦享有很好的声誉。

除了经营陈生利和陈元利的生意以外，卢新科后来也自己创设了丰泰米郊，从事大米出入口业务，他经营有方，生意蒸蒸日上，已然是一名成功的商家。

事业有成之后，卢新科开始投身于社会服务，并在公益教育等各方面的慈善事业上出钱出力、慷慨捐输。也许因少年失学的关系，卢新科对于教育问题尤为重视。他当年除了协助筹办潮人学校端蒙学堂并担任该校多届校董以外，还曾多次捐助由其他籍贯人士所开办的学校，如公立侨星平民学校、公立南华女学校、公立道南学校、公立爱同学校、公立南洋女学校以及公立中华女校等。

---

① 卢新科之确实生卒年已不可考。本篇根据潘醒农编的《马来亚潮侨通鉴》所载"民国十四年（1925），时先生已届六十六岁之高龄"，以及"约十年后，而病殁于故里"，分别推断其生卒年为1859年以及1935年。

英国国王爱德华七世（King Edward Ⅶ）于 1910 年去世后，新加坡本地社区领袖发起成立一个"爱德华七世纪念基金"（King Edward Ⅶ Memorial Fund），旨在为"海峡殖民地与马来联邦政府医学院"（Straits Settlements and Federated Malay States Government Medical School）筹募善款，该医学院后来易名"爱德华七世医科学校"（King Edward Ⅶ Medical School），为新加坡国立大学（National University of Singapore）之前身。根据报刊资料所记载，卢新科当年亦曾积极参与有关的筹款活动。

战前亚洲各地卫生环境与医疗条件极差，人们普遍营养不良，各种传染病肆虐，婴儿夭折率高。为确保贫苦家庭及中下层群体能够获得医疗照顾，卢新科也热心赞助"新加坡婴儿保育会"以及在家乡的"澄海便生医院"，为两地的病黎尽一份绵力，雪中送炭。

社团活动方面，长年在新加坡侨居与从商的卢新科深深认识到在这里成立一个旅新华商组织的重要性和迫切性，遂于 1906 年与一群华商领袖共同发起组织"新嘉坡中华商务总会"（后改称新加坡中华总商会），并担任该会多届会董（1906 年至 1925 年），在团结华人社会以及维护华商利益方面贡献良多。与此同时，潮人产业信托慈善机构义安公司在 1929 年改组前，卢新科也曾经担任该机构的董事。

英国殖民地时代，新加坡有两个与华社息息相关的政府机构，其一是为隔离和检验"新客"而于 1874 年开设的棋樟山（即圣约翰岛，St. John's Island）传染病检疫站；其二是为救援那些被逼为娼的妇女以及在富人家庭遭虐待的奴婢（妹仔）而在 1885 年所成立的保良局。

然而，当时的棋樟山传染病检疫站，时常传来"新客"在岛上受到不合理的待遇，包括华族妇女在检疫站受到裸体检查的投诉，以至本地华社领袖多次上书有关当局，要求改善此种有辱妇女尊严之检查方法。为平息众怒，英国殖民地政府不时还得安排各帮侨领到岛上去视察状况，确保检疫工作顺利进行。根据文献记载，英国殖民地政府当年曾委任卢新科出任保良局委员以及棋樟山传染病检疫站巡视员，足见其在华社中之重要地位与影响力。

因年事已高，卢新科于 1925 年告老还乡，并于 1935 年前后在澄海老家病逝，享年七十六岁。

（承蒙新加坡中华总商会提供其珍藏卢新科肖像，特此致谢）

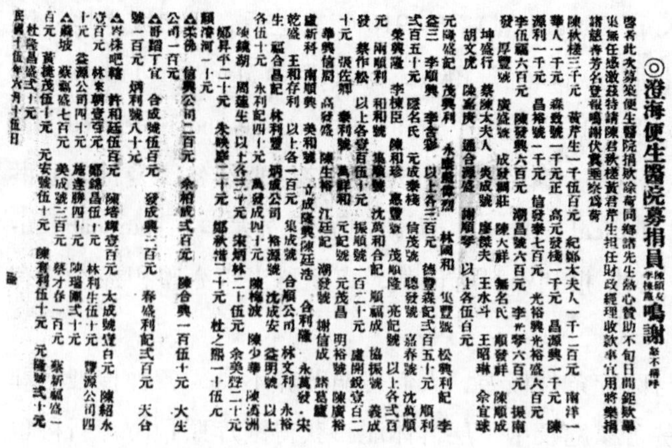

一脉相承：石叻澄邑先哲传略

◎澄海便生醫院募捐員 鳴謝

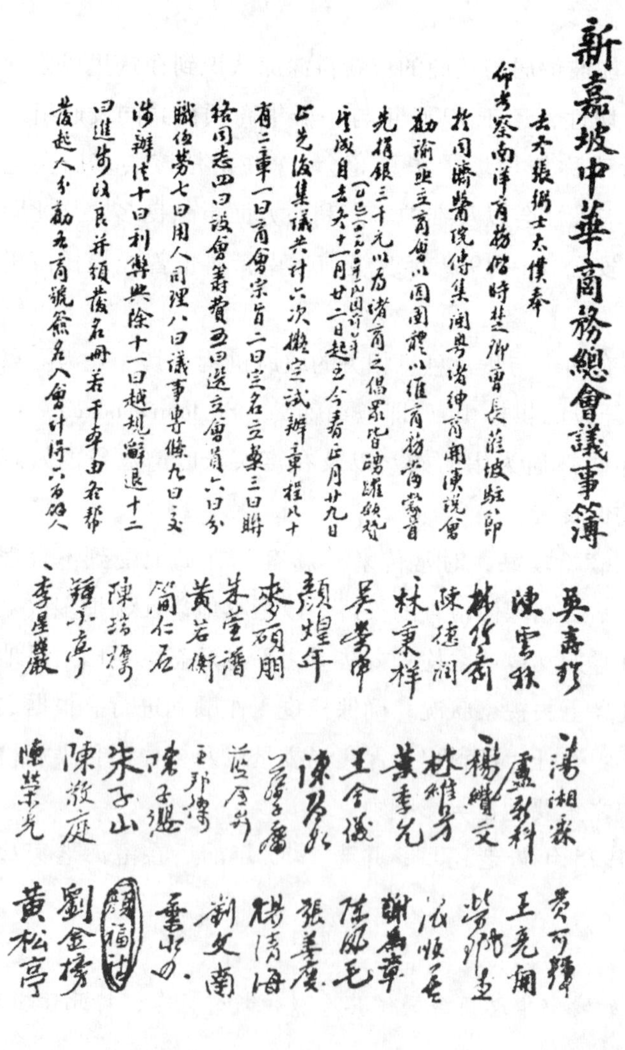

新嘉坡中華商務總會議事簿

卢新科曾赞助澄海便生医院，其募捐员在报章上刊登鸣谢启事

（图片来源：《南洋商报》，1926年6月21日）

中华总商会早期董事会议记录簿内依然可看到卢新科的亲笔签名原迹（第二行右二）

（图片来源：《新加坡中华总商会大厦落成纪念刊》，新加坡：新加坡中华总商会，1964年，第143页）

24

参考文献

［1］King Edward VII Memorial Fund List of Subscribers, The Singapore Free Press and Mercantile Advertiser, 1911 - 04 - 29.

［2］Singapore Chinese Chamber of Commerce, The Singapore Free Press and Mercantile Advertiser, 1921 - 03 - 05.

［3］《代现在与未来无量数之贫苦婴儿鸣谢》,《南洋商报》, 1925 年 3 月 24 日。

［4］《公立南华女学校演剧筹款会宣言书》,《南洋商报》, 1925 年 6 月 11 日。

［5］《星嘉坡公立道南爱同南洋中华四校联合筹款会宣言》,《南洋商报》, 1925 年 12 月 9 日。

［6］《公立侨星平民学校演剧募捐宣言》,《南洋商报》, 1927 年 9 月 9 日。

［7］南洋民史纂修所:《南洋名人集传》(第二集下册), 槟城:点石斋印刷有限公司承印, 1928 年, 第 229 - 230 页。

［8］宋酝璞:《南洋英属海峡殖民地志略》(第一部), 中国:酝兴商行, 1930 年, 第 114 页。

［9］潘醒农:《马来亚潮侨通鉴》, 新加坡:南岛出版社, 1950 年, 第 203 页。

10］《作育英才——潮州人的不朽事业》,《联合早报》, 1989 年 10 月 1 日。

卢
新
科

佘柏城

Seah Peck Seah / Seah Pek Seah
(1859—1939)[①]

　　佘柏城，祖籍广东省澄海县玉浦村（今汕头市金平区月浦街道），为新加坡先驱人物及义安公司创始人佘有进的第四公子，英国殖民地时代曾被封为太平局绅，新加坡丹戎巴葛区（Tanjong Pagar）柏城街（Peck Seah Street）即为纪念他而命名的。

　　　　　　　　　　　　新加坡丹戎巴葛区之柏城街即为纪念佘柏城而命名

　　　　　　　　　　　　　　（图片来源：陈传忠提供）

---

① 　佘柏城之出生年份已不可考。据"*Did not Want to Die Bankrupt*"（*The Straits Times*，1937 - 10 - 30）报导，1937 年，佘柏城以健康为由向新加坡报穷庭申请脱离穷籍时，已年届七十八岁。笔者以此推断其出生年份应约为 1859 年。

佘柏城于1859年生于新加坡，出生时父亲佘有进已是在本地富甲一方的商业巨子，因此家境优越，生活富裕。年少时与兄长佘连城一样，被父亲送往新加坡天主教名校圣若瑟书院学习英文，是19世纪末至"二战"前少数精通英语的本地华人精英分子之一。佘柏城肄业后从商，曾是振发兴油贸易公司（Chin Huat Hin Oil Trading Company）以及振源兴号（Chin Guan Heng & Company，一译Chin Guan Hin）等数家公司的东主或合伙人。

根据有关资料所载，振源兴号在当时的资本计新加坡币四十万元，为本地红树胶（Gutta-percha，又称马来乳胶，为一种天然橡胶）的主要经销者之一。佘柏城委任儿子佘应璋（Seah Eng Chiang）为振源兴号的司理人，负责经营该公司的日常业务。佘氏父子二人在本地商界享有良好声誉，当年同时受聘出任四海通银行保险有限公司之董事，一时传为佳话。

由于能讲一口流利的英语，而父亲佘有进与兄长佘连城是当地响当当的人物，如此显赫的家庭背景，加上他本身又是一名成功的商人，且长袖善舞，因此深受英国殖民地政府的器重，曾被新加坡总督封为太平局绅，与其父佘有进、长兄佘石城与侄儿佘应忠同为佘家四位太平局绅，享尽殊荣。

为争取本地侨生华人的利益，佘柏城曾于1900年连同著名新加坡华人领袖林文庆医生等人共同发起组织"海峡英籍华人公会"（The Straits Chinese British Association）。该会成立后，佘柏城当选第一届理事会的财政，并担任该职达四年之久。

在新加坡出生，身为大英帝国臣民的佘柏城，曾于"一战"爆发时，慷慨捐助"威尔斯亲王战争救济基金"（Prince of Wales War Relief Fund）和"'我们的日子'基金"（"Our Day" Fund），支援英国政府与军队向敌人作战，足见其对英国的效忠和赤诚之心。

佘柏城对于社会公益慈善事业也非常热心。据报章资料记载，他当年曾热心捐助 陈笃生医院（Tan Tock Seng Hospital）、释囚援助协会（Discharged Prisoners' Aid Society）、儿童福利协会（The Child Welfare Society）、圣若瑟书院、圣安德烈学校（St. Andrew's School）等多个慈善机构与学校；此外，中国广东省和福建省福州市于1924年发生严重水灾的时候，他也积极响应新加坡中华总商会的募捐活动。

身为殖民地时代上流社会的一分子，佘柏城经常受邀出席各种大大小小的社交场合，包括于1897年6月在新加坡总督府（Government House）举行的英国维多利亚女王登基六十周年纪念晚会等重大活动。他本身亦非常好客，不时在其位

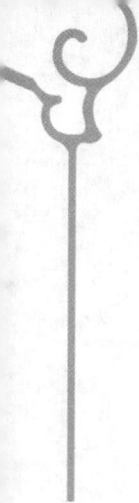

于乌节路（Orchard Road）四十号的豪宅设宴招待各方名流。根据有关新闻资料，马来亚各州的苏丹于 1934 年 2 月驾临新加坡出席一场"马来统治者大会"（Durbar）的时候，吉兰丹州苏丹（Sultan of Kelantan）曾下榻佘府，在府上做客数日。

好景不长，20 世纪 30 年代初在美国发生的"经济大萧条"（Great Depression）最终波及整个世界，沉重打击了包括佘柏城在内的新马各行业商人，特别是美国汽车业大幅度减产，更直接地影响了马来亚橡胶业的生意。橡胶业连番的不景气，致使不少橡胶公司倒闭，佘氏父子亦不能幸免。振源兴号因红树胶销售量骤减而结束经营，父子俩于 1936 年先后宣告破产，佘柏城亦于同年被英国殖民地政府撤销太平局绅勋衔，晚景不堪。

1937 年，年届七十八岁的佘柏城以健康为由向新加坡报穷庭上诉，称其不愿以破产告老离世，恳请法官判他脱离穷籍，结果法官允准其请求。纵使如此，佘柏城还是于 1939 年郁郁而终。

参考文献

［1］The Diamond Jubilee Ball at Government House, The Singapore Free Press and Mercantile Advertiser, 1897 - 06 - 25.

［2］"Straits Chinese British Association", *The Straits Times*, 1900 - 08 - 18.

［3］"The Sze Hai Tong Bank – Company Completes its Tenth Year", *The Straits Times*, 1917 - 03 - 06.

［4］"Malay Rulers in Singapore", *The Straits Times*, 1934 - 02 - 03.

［5］"Straits Settlements Government Gazette", *The Straits Times*, 1936 - 04 - 18.

［6］"Colony Cavalcade", *The Straits Times*, 1936 - 04 - 26.

［7］《佘应璋宣告破产原因经营红树胶失败后九八生意亦亏蚀》，《南洋商报》，1936 年 12 月 5 日。

［8］"Did not Want to Die Bankrupt", *The Straits Times*, 1937 - 10 - 30.

［9］潘醒农：《马来亚潮侨通鉴》，新加坡：南岛出版社，1950 年，第 80 页。

［10］宋旺相著，叶书德译：《新加坡华人百年史》，新加坡：新加坡中华总商会，1993 年，第 17 页。

［11］柯木林：《新华历史人物列传》，新加坡：教育出版私营有限公司，1995 年，第 106 页。

黄仙舟

Ng Sian Chew
(1873—1925)

黄仙舟，讳倬瀛，出生于澄海县东湖乡（今汕头市澄海区凤翔街道东湖社区），父亲黄基业是工人出身。虽然黄仙舟从小未曾读书，却能自学成才，文采不凡，后又投身商业，白手起家，允文能商。据潘醒农在《马来亚潮侨通鉴》一书中的描述，黄父早年过番，先在乌桥（今 Balestier Road 一带）创设致成染坊，之后又在小坡设立致成号。黄父克勤克俭，每天早出晚归，无论是监工售货，还是招揽生意，都亲力亲为。据说他每天早午必至染坊监督开工，再步行到店里，下午五点又亲自回到染坊巡视。染坊的工人因为老板亲自来监工，都不敢怠慢，一直工作到每晚六点才收工，比其他的厂家多做了一小时，因此他的作坊生产量比别人高，盈利也较多，生意很快便步入轨道，进展迅速。

在耳濡目染之下，黄仙舟从小就非常喜爱读书，年轻时已经是满腹文采，壮年时被录取为生员，准备考取秀才，光耀门庭。后来由于父亲年纪已大，多次催促他到新加坡接管生意，黄仙舟不得不弃文从商，于 1912 年远赴新加坡接管庞大的家族生意。他主掌的森峰栈、致成号及致合峰号，生意范围涵盖绸缎、布匹、汇兑等。在他接手之后，家族生意日益扩展，足见他的才干与能力。

黄仙舟虽然弃文从商，却是一位儒雅的商人，诗文书画皆有造诣。他为人低调，默默地为社会教育、公益作贡献。由于他具儒商背景，故重视年轻人的教育，极力支持社群办学，尤其是积极参与端蒙学校的管理。黄仙舟 1913 年即负责办理端蒙学校筹款购地置校舍的事务，1917 年，端蒙学校搬入位于登律（Tank Road）的新校舍，黄仙舟亲自为之书写校训"勤慎诚正"，并刻成横匾，悬挂于大厅，其书法笔酣墨饱，圆润有力；而原来悬挂在总校礼堂的横匾"礼堂"二字也是刻自其墨宝。此后，黄仙舟历任该校董事及校产信托人，连任第九届至十四届的校董副总理，1921 年被推选为第十六届正总理。但他在上任后八个月就因事请假回家乡，卸下正总理一职。

悬挂在总校礼堂的横匾"礼堂"二字，由黄仙舟亲笔书写
（图片来源：退一步斋提供）

黄仙舟常用篆刻印章（笔者按："僊"同"仙"）
（图片来源：退一步斋提供）

黄仙舟出任端蒙学校正总理的时间虽短，但贡献不容忽略。他一上任，端蒙学校董事部即争取到万世顺公司用二十万元公款向政府购买国家债券，将每年所得的一万余元利息充作学校经费。1922 年，他虽然不再担任正总理，却还是被推举联同杨缵文、陈子豪二人负责修改端蒙学校章程的草案。黄仙舟也曾被推举担任潮人最早的社团组织万世顺公司的信托人、醉花林俱乐部的总理，也曾经连任新加坡中华总商会董事，对华社的贡献不可磨灭。

黄仙舟卒年未见文献，只知他是在故乡逝世。据端蒙学校校刊的记载，万世顺公司于 1929 年因其产业信托人四人中"相继去世的已有三人，因循日久，尚未举人承乏，致有种种阻碍"，因而选举新的四位信托人。黄仙舟自 1919 年起就担任万世顺公司管理人，是资深的领导人，在公司内享有崇高的地位，但这次推举的四位信托人，并不包括他。笔者据此推测，当时黄仙舟已经作古。换言之，黄仙舟应该是在 1929 年之前便已经去世。另据其孙黄吉生口述，曾听父亲黄寿松提起祖父过世时，父亲只有七岁。查悉黄寿松出生于 1918 年，若以此推算，黄仙舟则应逝于 1925 年前后。

黄仙舟

1924 年闽粤两省发生水灾，新加坡中华总商会发起筹赈活动，图为中华堂商会在报章上刊登黄仙舟等侨领所筹募到的善款数额

（图片来源：《南洋商报》，1924 年 9 月 2 日）

参考文献

［1］潘醒农：《马来亚潮侨通鉴》，新加坡：南岛出版社，1950 年，第 160 页。

［2］赖大年：《校史》，载李谷僧《新加坡端蒙中学五十周年纪念刊》，新加坡：端蒙中学，1956 年，第 91－42 页。

［3］李志贤：《黄吉生先生访谈笔录》，2015 年 9 月 20 日于黄吉生寓所。黄吉生为黄仙舟裔孙。

林义顺

Lim Nee Soon
（1879—1936）

　　林义顺，字发初，号蔚华，又号其华，出生于新加坡，祖籍澄海县岐山乡马西村（今属汕头市金平区岐山街道）。一方面，林义顺是 20 世纪初新加坡华人社会著名的拓殖先驱，对新加坡早期郊区的开垦和橡胶种植业有重大的贡献；另一方面，由于他早期追随孙中山，积极参与推翻清政府的辛亥革命运动，故在中国近代史上又是备受尊崇的革命志士和爱国华侨。

　　林义顺的父亲林炳源在 1860 年从家乡南渡新加坡，在美芝路（Beach Road）开设杂货店谋生，并娶土生华侨殷商张理（Teo Lee）之女为妻。在林义顺四岁和八岁时，其母亲和父亲相继去世，之后，张理便负起鞠养这个外孙的责任。由于成长在一个"峇峇"①家庭里，"峇顺"成了林义顺的别称。张家是一户颇有传统文化素养的家庭。林义顺童年的启蒙教育，由私塾老师教授中文，卒读四书，十岁时开始在圣若瑟书院和英华学校（Anglo – Chinese School）接受英式教育。所以他在十七岁中学毕业后，不但精通英语、对西方文化有很好的认识，而且打下了深厚的中文基础，并拥有很强的中华文化与民族意识。这和他长大后在身份和文化认同上皆回归祖籍国，以及后来追随孙中山从事民族革命运动有着不可忽略的关系。林义顺在二十三岁时与阮居安长女阮碧霞结婚，后置侧室谭氏，共育

---

　　① "峇峇"（Baba）泛指海峡土生的华人（Peranakan Cina）男性，女性则称"娘惹"（Nyonya），以区别当时那些来自中国的华人移民。许多学者将"峇峇""土生华人"和"海峡土生华人"（Straits – born Chinese）的称谓相提并论，其实，"海峡华人"一词只有受英文教育者使用，马来人则以"Baba"或"Peranakan Cina"称呼"土生华人"；而"海峡土生华人"是指海峡殖民地的土生华人，在海峡殖民地不复存在后也已经成为历史名词。再者，"峇峇"的先人多与当地土著妇女通婚，故有一定程度的"马来化"。所以，严格地说，"峇峇"是在海峡出生的华人，但在海峡出生的华人不一定就是"峇峇"。

四男六女。

离校后，林义顺先后在数家公司工作，包括担任橡胶园丘的经理和顾问，直到二十岁时外祖父张理逝世，才以自己所继承部分遗产创业。1911年林义顺独资创立通顺公司、通美号，开始经营橡胶和黄梨的生产、加工制造和贸易。林义顺甫在商场自立门户后，即投资辟地，把握时机，大力发展这两种经济作物的垦殖业务，他先后独资或合资辟地多达两万多英亩，在其种植事业的巅峰时期所开辟的园地，遍布新加坡北部、西北部和马来亚柔佛州各地，俨然成为当时新马地区的橡胶业巨子。至20世纪初，由于黄梨价格飞涨，林义顺的公司获利甚巨，他也随之跻身当地富豪之列，并因其黄梨业务已执马来亚之牛耳而赢得"黄梨大王"的美誉。

和其他园丘主所不同的是，林义顺除了垦殖以赚取丰厚利润之外，还注重园区的建设和发展。他通过橡胶和黄梨的生产和经营引进了工业，吸引了大量劳工。林义顺重视员工的福利，为员工提供住宿膳食、免费医疗服务、方便员工起居生活的杂货店（便利店）、休息交流和举办文娱活动的俱乐部；并开办学校，为员工的孩子提供就学的机会。他还在园区内成立宗族社团，建立庙宇，这些设施除了具有联谊和宗教功能外，还加强了员工的凝聚力。换言之，他开发园丘除了用于垦殖和生产之余，还将它们建设和发展成设备完善、可供居住和建立家园的村落和社区。为了确保园丘劳动力的稳定和增加村内的商业活动，林义顺一开始便注重区内人口的增长，并对园区采取开放政策，积极鼓励员工在区内安家落户，提供免息建屋贷款，鼓励员工将留在中国的家属接过来，并介绍同乡搬来居住。由于他的高瞻远瞩，这些乡间园区从昔时荒芜的丘陵发展为郊区一个人口稠密的小镇，也形成周边地区的原料和产品的水路运输交汇站、商品集散地和商业中心。

林义顺虽然不是新加坡最早的拓荒者，但他是第一位将乡村这个概念和模式落实于许多郊野园丘内的开拓先驱。在他所建立的基础上，这些乡区在后林义顺时代，经后来的企业家，如他的儿子林忠邦、李光前等人以及政府的进一步经营和拓建，迅速崛起，成为一个新的卫星城镇。1930年政府将这个社区命名为"义顺村"以肯定林义顺的贡献，区内的许多路名，或以他的名、字、号、商号命名，或以他的家庭成员命名。1977年，政府将义顺村发展为新市镇，林义顺并没有被遗忘，义顺市镇理事会特别在市镇公园内竖立林义顺的铜像，以纪念这位对当地发展作出重大贡献的拓殖先驱。

除种植业外，林义顺也进军金融业，从1914年开始先后担任华商银行、联

东保险有限公司、新加坡华侨银行董事，新加坡银行、华侨保险有限公司等财团的董事和主席。此外，林义顺也是联合火锯有限公司的主席、庄庆利有限公司的董事。1921年，集资逾百万的林义顺，已经在当时的商业和金融中心罗敏申路（Robinson Road）兴建了一栋商业大厦，通美号也从原有的美芝路旧址迁至新大厦营业。

20世纪20年代中后期开始，因为胶价和黄梨的价格长期持续低迷，林义顺的种植事业开始走下坡；30年代的世界经济大萧条也使新马两地的许多大小企业都受到严重的冲击。然而，事业上所受的挫折并没有影响林义顺的社会地位与声望。在村民的心目中，他不仅是"头家"，还是一位认识很多"政府人"、参与许多公共事业、深受各阶层人士尊敬、在殖民地政府官员中很"吃得开"的地方领袖。他曾于1913年、1917年和1923年，先后被英国殖民地政府委任为新加坡乡政局（Singapore Rural Board）、英属马来亚半岛调查鸦片委员会（British Malaya Opium Committee）等政府机关的委员，并于1918年被殖民地总督授予太平局绅勋衔。林义顺在1921—1922年和1925—1926年两度被选为新加坡中华总商会会长，1929年创立新加坡潮州八邑会馆，这是新加坡潮州社群的最高组织；他也担任众多其他民间社团的领导人。在教育领域方面，林义顺和其他侨领共同创立华侨中学，并担任董事会财政，他也是莱佛士书院（Raffles Institution）的管委会成员。

林义顺同时担任许多慈善团体的重要职位，尤其关注弱势群体的医疗福利，他慷慨解囊，捐助圣安德烈医院（St. Andrew's Hospital），并担任该医院的管理委员会委员。林义顺也在1919年出任同济医院（同济华人医院）主席，还将位于三巴旺路（Sembawang Road）地带的一幅面积十余方里的土地捐出，辟为华人坟场。

身为潮州人，林义顺与新加坡潮人社团的关系自然是很密切的。值得一提的是他对当时潮人社团的整合所作出的贡献。潮侨余有进在1845年发起组织义安公司，并担任总理，之后由儿子余连城、孙子余应忠袭任，潮人帮权长期掌控在余氏家族手中。义安公司肩负着管理潮社公产如庙宇、坟山、学校等产业的任务，成立后近一百年间累积了不少资产。1927年，林义顺、李伟南、杨缵文等认为义安公司由余氏家族世袭总理有欠妥当，遂联合潮帮其他人士与余家交涉，并于1929年成立潮州八邑会馆。在殖民地政府的调停下，双方最终达成协议，义安公司重组为潮人产业信托慈善机构，潮州八邑会馆则为新加坡潮帮的代表社团。

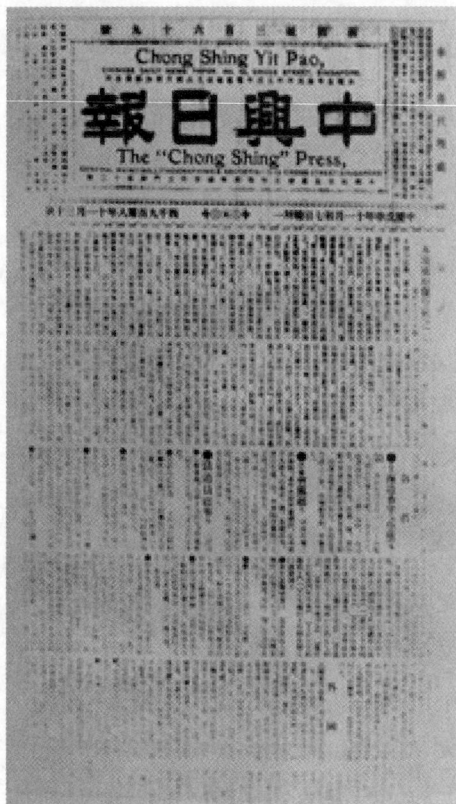

于光绪三十三年（1907）七月十二日创刊的《中兴日报》是林义顺与张永福等人合办的同盟会机关报

（图片来源：李志贤《乘风破浪——新加坡澄海会馆四十周年纪念，1965—2005》，新加坡：新加坡澄海会馆，2005年，第63页）

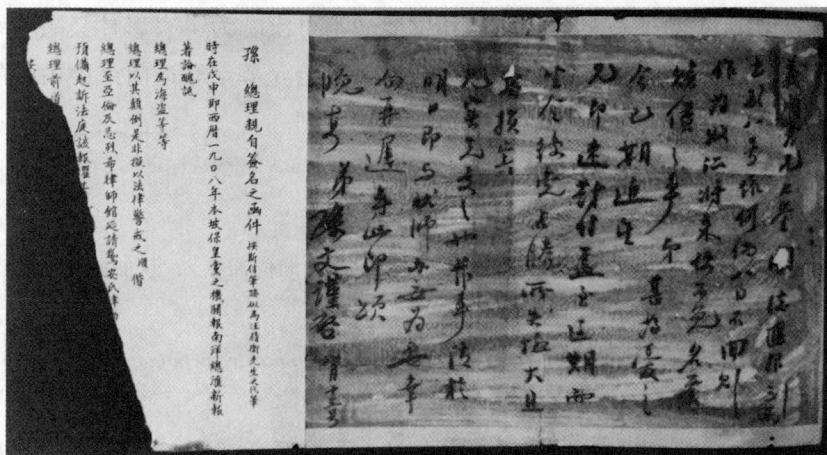

1908年孙中山先生致林义顺先生的信函，孙先生在信函上亲自签名

（图片来源：李志贤：《乘风破浪——新加坡澄海会馆四十周年纪念，1965—2005》，新加坡：新加坡澄海会馆，2005年，第68页）

林义顺

这起纷争可视为潮社内部的一次整合过程——是一个社群组织在经过长时间的发展后不可避免，且具有积极意义的"改革"。它结束了由一个家族长期垄断帮权的局面，改变了潮帮内部的权力结构。更改章程后的义安公司和新成立的潮州八邑会馆相辅相成，运作趋向透明和民主。所以，林义顺等创建潮州八邑会馆，可说是新加坡潮州社群历史上一个重要的里程碑。

1906 年，孙中山在新加坡成立同盟会新加坡分会，以策划和协调推翻腐败无能的清朝的革命活动，并筹集军饷与其他革命资源。林义顺向来被视为同盟会分会的重要成员，负责对外事务。他曾被指派到槟城和吉隆坡协助成立分会，并在 1907 年和陈楚楠、张永福（即他的舅舅，张理的儿子）共同创办《中兴日报》，宣传革命事业，以期获得更多海外华人的支持。他们也开设石场，将数以百计从中国逃出的革命人士安置在那里工作。从推翻清朝到讨伐袁世凯政权，林义顺对革命事业都充满热忱，并为革命活动筹募了大笔资金。国民政府对林义顺在革命事业上的贡献给予肯定，除颁给他旌义状和许多奖章外，还礼聘他担任若干政府部门的咨询顾问。值得一提的是，林义顺曾向中国政府提呈在海南岛种植橡胶的计划和开发西北富源的方案，但因为中国国内的政治动乱，这些开发实业的建议并没有获得中国政府的认真对待，更无从实现。

林义顺在 1936 年 3 月 19 日深夜病逝于上海，享年五十七岁。他一生对新加坡最大的贡献莫过于将大片荒地开拓为人口稠密、设施完备的村落，是开发新加坡郊区的先驱，对新加坡早期的建设和发展功不可没。为了表彰林义顺对辛亥革命的贡献，中国政府在他逝世时为他举行公祭，特允葬于靠近南京中山陵的国家坟场。遗憾的是，林义顺的坟墓至今仍然无法找到。

参考文献

[1] 潘醒农：《林义顺先生》，载潘醒农：《马来亚潮侨通鉴》，新加坡：南岛出版社，1950 年，第 103 – 105 页。

[2] Song Ong Siang, *One Hundred Years' History of the Chinese in Singapore*, Singapore：Oxford University Press，1984，pp. 516 – 517.

[3] Yen Ching – hwang, *The Overseas Chinese and the 1911 Revolution*, *with Special Reference to Singapore and Malaya*, Kuala Lumpur，New York：Oxford University Press，1976.

[4] 陈鸣鸾：《林义顺：种植家与革命家》，载《义顺社区发展史》，新加坡：国家档案馆、义顺区基层组织、口述历史馆，1987。

[5] Turnbull. C. M.，*A History of Singapore：1819 – 1988*，Singapore：Oxford University Press，

1989，pp. 108 – 112，132 – 133.

［6］Yen Ching – hwang，"Power Structure and Power Relations in the Teochew Community in Singapore，1819 – 1930"，In Yen Ching – hwang，*The Ethnic Chinese in East and Southeast Asia*：*Business*，*Culture and Politics*，Singapore：Times Academic Press，2002，pp. 273 – 306.

［7］李志贤：《潮人侨领林义顺与中国——认同、互动、定位》，《潮学研究》2013 年第一、二期合刊，第 182 – 195 页。

［8］李志贤：《林义顺》，载何启良：《马来西亚华人人物志》，吉隆坡：拉曼大学中华研究中心，2014 年，第 878 – 881 页。

林
义
顺

蓝伟烈

Nah Wee Liat

（1880—1968）[①]

　　蓝伟烈，字庚秋，与同样来自澄海县樟林镇（今属汕头市澄海区东里镇）的蓝金昇为同族侄叔。虽出身地方望族，然年少失怙，父亲蓝彩洲以笔耕为生，因而他自幼承家风熏染，及长后颇具儒者风范。

　　蓝伟烈在二十岁左右南来新加坡后即在其族叔蓝金昇的商行里工作。当时蓝金昇已经是当地的殷商，他委以蓝伟烈重任，让其管理土产米粮等方面的业务。蓝伟烈也不负所托，在业务经营上颇有建树，展示了他的商业才华。1914年，"一战"爆发，陆上交通几乎完全被封锁，蓝伟烈高瞻远瞩，同泰国的华侨巨商联络，用货轮运送日常物资，使得一些日常物资得以进入新加坡。蓝伟烈也在十八溪墘（即今驳船码头，Boat Quay）开设蓝伟兴米郊，经营大米生意，他与同是澄海籍的洪开榜、周镇豪及潮阳籍的张泗川等开设的米行垄断了当时大米业的市场。

　　蓝伟烈曾于本地多个社团担任要职，还曾是其中几个社团的创始人之一，贡献良多。1928年9月15日，部分潮商假中华总商会召开潮侨大会，讨论组织潮州会馆，当时共有约五十人出席，并议定会馆名称为"新加坡潮州八邑会馆"，蓝伟烈是二十位筹备委员之一，并于成立之后担任董事。1958年，洪开榜发起筹备新加坡樟林旅外同乡会，蓝伟烈也为发起人之一，其后也与洪开榜等人担任该会名誉会长。

　　此外，蓝伟烈还曾任新加坡华侨中学副总理，义安公司、中华总商会董事，

---

　　① 蓝伟烈出生年份已不可考。潘醒农在1950年出版的《马来亚潮侨通鉴》里介绍蓝伟烈时说他当时"虽年近七旬，而精神矍铄，望之犹似六旬人云"。据此，编者推断其约出生于1880—1885年。

蓝氏公会副主席等要职。

蓝伟烈对祖籍家乡和中国其他地区的情况也非常关注。1922 年，潮汕地区发生"八二"风灾，以致饥鸿遍野。蓝伟烈闻之，奔走于各处筹募善款，购米以进行赈灾。1933 年，华北境内黄河水灾，新加坡中华总商会在召开董事会时通过成立筹赈中国黄河水灾会，并让董事当场认捐，蓝伟烈毫不犹豫认捐国币四百元，是当时认捐第三多的董事。他也因为多次慷慨捐赈中国国内的灾情，曾获得黎元洪、徐世昌的嘉奖褒扬。

蓝伟烈同样热心于新中两地教育的发展，尤其是培养潮人子弟的事业。在潮侨筹办端蒙分校时，蓝伟烈就捐资一百元。同时，他也资助了澄海县立景韩高小学校。

蓝伟烈与民国时期的革命将领陈竞存（陈炯明）过从甚密，他们还有一则交往故事，值得一提。

陈竞存曾受困于闽南地区，军粮匮乏。蓝伟烈赏识他为英雄，伸出援手，助其脱困。后来陈竞存在官场上飞黄腾达，蓝伟烈却从不借旧时恩情而对他有所关托。后来陈竞存因与孙中山在政见上有所分歧，又受部下挟持，发动兵变失败，受到制裁，以致家道中落，贫困潦倒。此时许多同僚故友皆和他疏远，唯有蓝伟烈不仅没与他疏远，还雪中送炭，致函慰问，并提供物质上的援助，甚至出面为他诉冤，列举其过去种种政绩，希望能为他减轻刑罚。可见蓝伟烈确是一重情重义且不图回报之人。

参考文献

［1］李谷僧、林国璋：《新加坡端蒙学校三十周年纪念册》，新加坡：端蒙中学，1936 年。

［2］《蓝氏总会蓝森堂蓝伟烈分任正副主席》，《南洋商报》，1946 年 12 月 5 日。

［3］潘醒农：《马来亚潮侨通鉴》，新加坡：南岛出版社，1950 年，第 212 页。

［4］《樟林旅外同乡会定期庆祝周年纪念》，《南洋商报》，1960 年 12 月 29 日。

［5］潘醒农：《潮侨溯源集》，新加坡：八方文化企业公司，1993 年，第 115、136 页。

［6］柯木林：《新华历史人物列传》，新加坡：教育出版私营有限公司，1995 年，第 200 页。

［7］李志贤：《乘风破浪——新加坡澄海会馆四十周年纪念，1965—2005》，新加坡：新加坡澄海会馆，2005 年，第 14 页。

［8］宋裔烽：《新加坡樟林旅外同乡会 2009 年金禧纪念册》，新加坡：樟林旅外同乡会，2009 年，第 11 页。

本坡 中華總商會

開董事第六次會議
出席貿易委員會代表已推定
　　通過成立……
籌賑中國黃河水災會
熱心當場認捐數達九千餘元

梁顯甫君　國幣一千元
陳鴻達君　國幣五百元
藍偉烈君　國幣四百元

一脈相承：石叻澄邑先哲傳略

（图片来源：《南洋商报》，1927年1月20日）

◎端蒙學校募建分校校舍收捐鳴謝

逕啓者敝分校建築費用不敷因向各寶號募捐荷蒙樂解義舉助成善舉豪情俠氣感激莫名茲特將芳名并所捐實數登諸報端藉蒙樂解謝悃敬請垂管

廖傑夫先生　　二千元
陳秋樓寶號　　一千元
劉學豐寶號　　一千元
紀元利寶號　　一千元
錫添寶號　　　九百元
吳竹村先生　　五百元
楊文寶號　　　五百元
吳戀記寶號　　五百元
永盛寶號　　　五百元
發盛寶號　　　五百元
李樂記寶號　　五百元
吳五福盛寶號　五百元
通合原盛寶號　五百元
吳祥和寶號　　五百元
隆祥源記寶號　五百元
潮祥源記寶號　五百元

李昆嚴先生　　三百元
成興美寶號　　三百元
元發棧寶號　　三百元
慶順隆寶號　　三百元
劉綿興慶順成義順隆寶號　三百元
光輝金莊　　　二百元
郭開隆寶號　　二百元
陳發豐寶號　　二百元
林雨岩先生　　二百元
林興合記寶號　二百元
南興和先生　　二百元
王國山先生　　二百元
麥兩發寶號　　二百元
聯盛寶號　　　二百元

元茂寶號　　　二百元
成發寶號　　　二百元
曾幾生先生　　二百元
陳耀輝先生　　二百元
裕昌寶號　　　一百元
李偉先生　　　一百元
周錦裕先生　　一百元
新興寶號　　　一百元
振南發寶號　　一百元
廖壽昌寶號　　一百元
李兩寶號　　　一百元
藍偉烈先生　　一百元
林運三先生　　一百元

計四十一條共收銀一萬九千七百元
中華民國十六年一月十七日
端蒙學校謹啓

（图片来源：《南洋商报》，1933年10月16日）

40

李伟南

Lee Wee Nam
(1881—1964)

李伟南，字英豪，排行第二，出生于澄海县秀水社外埔乡（今属汕头市澄海区凤翔街道外埔社区），幼年失怙，家境清寒，十六岁时就随父闯荡南洋。

抵达新加坡后，李伟南最初任职于乡亲黄松亭开设的孔明斋，这是一间经营香汕纸料、账簿文具兼营民信汇兑业的商号。因恪尽职守，工作勤慎，年轻的李伟南深得东家赏识。七年后，他又应父亲挚友林松庭的聘请，到吉隆坡任职，由于善于交际，颇有人缘，人脉渐广，潮帮商家多有意延揽，后来受聘于旧东家开设的森峰栈，经营绸缎，也兼营民信汇兑生意。不久，黄松亭与廖正兴、蓝金昇、姚利昌、陈德润等几位潮州人一起商议筹组四海通银行，承廖正兴大力推荐，李伟南被委托为该银行的经纪，1909年正式进入银行任职，不足一年，又被派往暹罗替代其胞兄，担任该银行暹罗分行经理一职。

由于经营有方，能准确预测和把握行情，工作表现出色，李伟南获银行董事会赏识，于1911年升调为新加坡总行的副司理，自此得以施展才华。在他的努力下，四海通银行业务日渐兴盛。1913年，经廖正兴再次举荐，并经银行董事会一致通过，李伟南升任为正经理。1932年，廖正兴卸总经理一职，经全体董事同意，李伟南被推选为该行总经理及董事长，成为当时新加坡金融界崛起的后起之秀。李伟南长期管理新加坡潮人创办的四海通银行，虽被认为作风较为保守，但他带领该银行安然度过第一次世界大战期间的难关。

20世纪30年代世界经济大萧条期间，许多华商银行业务受到重创，四海通银行在李伟南的领导下，仍然稳健发展。

李伟南凭着独到的投资眼光和经营策略，以新加坡为基地，在南洋建立了一个庞大的商业网络，成为新马的金融巨擘。除主持四海通银行的业务，他还在新

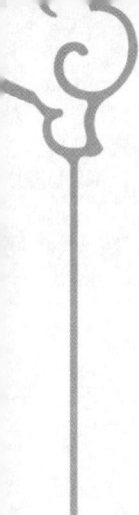

加坡创立再和成伟记及万益成汇兑信局、李兄弟（伟记）私人有限公司、李毓记私人有限公司，以及再顺隆香汕郊，并在马来亚芙蓉创设海泉及海泉栈，这些都日渐成为当地极负盛名的商行，尤其是再和成伟记，后来更发展成为东南亚侨批信局同业的佼佼者。

在新加坡潮人侨批业发展最快速的19世纪末至20世纪初，当地众多潮人批局中规模最大、经营网络最广的莫过于再和成伟记汇兑信局。这家侨批局最初是李伟南和其兄长李伟卿与好友合创。数年后，李氏即买下全部产权，再和成伟记汇兑信局遂成为李氏家族的产业。李伟南早年在历史悠久的侨批局孔明斋任职四年有余，后来又在兼营汇兑业的森峰栈工作，在这段时间，他所习得的侨批业经营经验，为日后自创侨批局打下良好的基础。除了再和成伟记汇兑信局外，他旗下的侨批局还有新加坡的万益成保家银信局、"三发号"和"四合兴"几家分号，以及分布在东南亚许多地区、中国香港、汕头，以至于东南沿海一带的许多联号，俨然形成一个广大的跨域经营网络。

到了20世纪，侨批业迅速发展到一个阶段后，侨批局的汇款和货币兑换的流程都有赖于银行才能完成，侨批局通过银行汇款还可以从汇率的差价上牟取可观的利润。所以，银行对侨批业而言，实质上存在着互惠互利的互补关系。许多侨批局都善于掌握有利的条件，致力于创造和银行之间这种密切的商业伙伴关系。李伟南从1909年开始便在四海通银行任职，长达数十年，还是该银行的总经理及董事长。四海通银行与再和成伟记汇兑信局这两间金融商号之间所建立的密切关系是显而易见的，而李伟南在银行和金融界长期所累积的各种资源和人脉关系，对再和成伟记汇兑信局拓展业务所起的作用也就不言而喻了。

民国初年，新加坡侨批业和中国政府之间发生了"民信总包事件"的商业纠纷。新马侨批局为简化发送的手续，使运作程序更有效率，以及防范批信散乱遗失等问题，长期以来皆采取"总包封"的方式，配合邮轮的航期将批信寄到中国。但民国政府成立后不久，却规定凡寄往中国的民信，改为逐封寄去，以符合国际邮政条例。侨批业者遂联名要求取消该项新条例，并推举同行业中深具影响力的李伟南代表他们与当局交涉谈判，保护侨批业的经营权益。李伟南一方面向本地中华总商会陈情，要求商会向民国政府请求取消此项规定，同时亲自函托时任华北大学校长的潮人政要吴贯英亲自向民国政府陈情。吴氏遂协同北京潮州会馆及全国商会联合会会长王文治与民国政府交涉，最终争取到民国政府同意，把华侨民信总包制度无限期展延。从这起事件中，可以看到李伟南在新加坡侨批业者间的威信和他在中国人脉的深广，而他也因此进一步巩固了自己的社会地位和提高了自己的声望。

　　李伟南的经营才干与事业上的成就，使他在商场上声望日隆，社会地位迅速提升。他虽出入商场，志在商业，但对社会公益事业的参与从不落于人后，在事业有成后也不忘回馈社会。1927年至1928年，他担任新加坡中华总商会第十六届副会长；1929年至1930年，深孚众望，被推举出任该总商会第十九届正会长之后，又连任该会的特别董事。他在领导总商会期间，大刀阔斧地整顿财务，有效地解决了总商会的财政困难，又成功地修改章程，推行各帮会董名额由会员多寡而定的新条规。他也多次以总商会的名义，与有关政府官员协商，成功地为受到殖民地政府新条例影响的华商争取公平的利益。

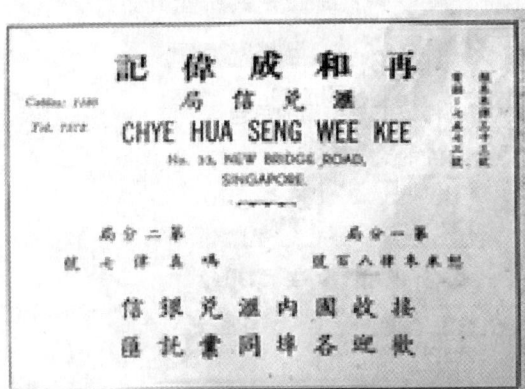

再和成伟记所刊登之商业广告

（图片来源：沈时霖：《新加坡汇业联谊社特刊》，新加坡：新加坡汇业联谊社，1946年，第42页）

再和成伟记汇兑信局

（图片来源：李志贤：《乘风破浪——新加坡澄海会馆四十周年纪念，1965—2005》，第17页）

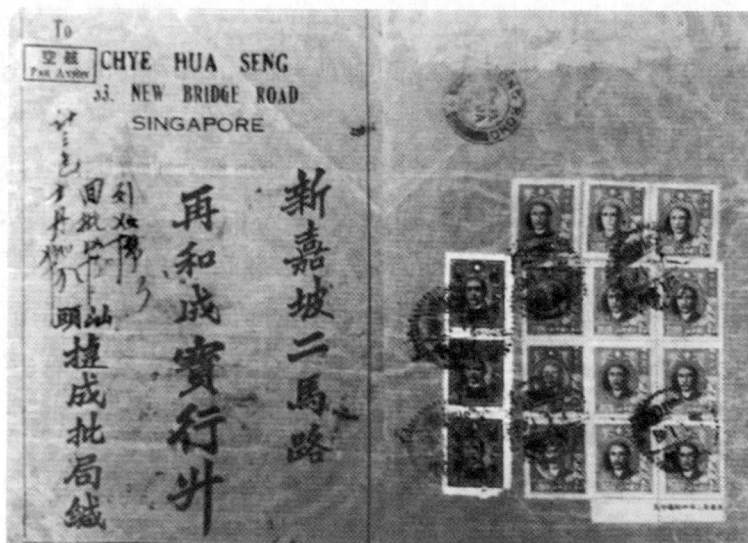

汕头捷成批局寄新加坡再和成伟记汇兑信局的总包

（图片来源：许茂春：《东南亚华人与侨批》，2008 年，第 213 页）

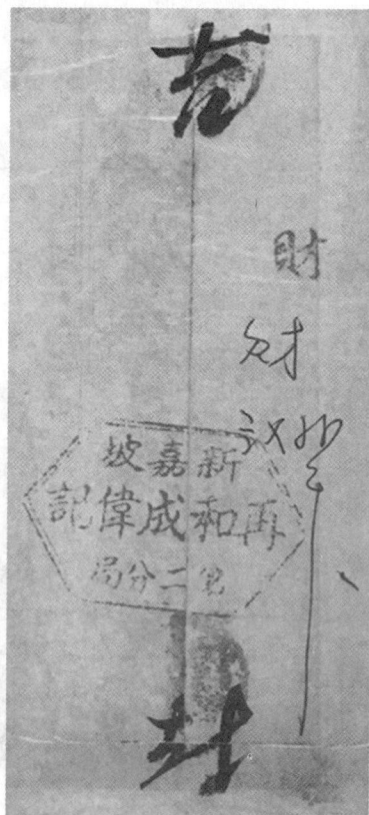

此封由再和成伟记汇兑信局第二分局经手的侨批，据说于 1987 年 12 月 30 日到达收信人手里

（图片来源：邹金盛：《潮帮批信局》，香港：艺苑出版社，2001 年，第 316 页）

1933年，李伟南出任实得力孔教会（今南洋孔教会之前身）第三任会长；1938年他与广、琼、客、潮各帮侨领发起创立新加坡广东会馆，以作为众多粤侨的协调领导机关，并担任该会馆首届会长。

被潮州社群尊称为"伟南爷"的李伟南，曾担任潮人最早的组织万世顺公司的信托人，历史悠久的潮人俱乐部醉花林俱乐部的总理；他也是新加坡潮州八邑会馆的创办人之一，自1929年至1962年，历任该会馆及潮人信托机构义安公司的正、副总理等职。李伟南对马来亚潮州公会联合会的成立贡献很大，故曾被推选为该会主席。他也曾任由多数潮商组成的三郊联合会的名誉顾问、潮侨汇兑公会副会长等行业公会的要职。对于潮人的教育事业，李伟南也十分关注和支持。1940年，他担任端蒙学校正总理及该校信托人，同时担任树人学校董事等，协助筹措经费、改革校务，作出很大贡献。1940年他担任义安公司总理时，觉得潮侨学校中尚未设女子学校是一遗憾，于是策划并成功创办了义安女学校，招收潮侨女生就学，他也因此被推选为该女校的首任董事主任。义安女学校是当时新马潮人主办的唯一女校，它的建立是李伟南提倡男女应享有平等教育机会的先进和务实思想的一种体现和实践。后来，华侨中学、南华女校等也都聘请他担任学校董事。南洋大学在创办期间，也得到李伟南积极的响应与支持。

20世纪初中国在南洋发动的历次救灾运动，李伟南也积极响应与参与。例如，1929年他以新加坡中华总商会领导人的身份主持了豫、湘、甘等省的旱灾筹赈工作；1937年"卢沟桥事件"爆发后，"南洋华侨筹赈祖国难民总会"在新加坡成立，他担任筹赈会潮帮分会主任及推销自由公债委员会潮帮分会主席，并以身作则，率先认购五万元公债，带领潮侨认购公债共计国币六十五万余元。对李伟南在华社的领导力量与盛誉笃行，英属马来亚殖民地政府也深表钦佩，对他的信赖与器重与日俱增，先后委聘他为保良局绅、华人参事局议员、棋樟山视察委员等职，涉及侨务之事也多向他咨询，从而进一步奠定了他在华社的领导地位，成为英国政府与本地华社间一道重要的桥梁。

1941年日军南侵，占领新加坡期间，李伟南和林文庆等侨领曾被日军强迫成立"昭南岛华侨协会"，向华社筹索五千万元的"奉纳金"。当年"昭南岛华侨协会"交给日军五千万元奉纳金支票，还有林伟南和林文庆、李俊承等侨领的签名。日军先后两次将李伟南拘捕囚禁，施以酷刑，但他始终不屈，日军无计可施，最终无奈将其释放。1945年，战争结束后，马来亚光复，李伟南重整业务，并逐一发扬光大，日趋鼎盛，声望更加显著。

李伟南于1964年逝世，享年八十三岁，葬于武吉知马路上段（Upper Bukit

Timah Road）的广孝山。李伟南共有三位妻子、七个儿子和十一个女儿。2001年，李伟南的子孙为发扬他生前热心教育事业的精神，以家族商号李毓记私人有限公司的名义，捐款新加坡币一千万元予新加坡南洋理工大学。该大学为表示谢意，特将其中最大的图书馆"第一图书馆"（Library 1）命名为"李伟南图书馆"，充分肯定了李氏家族对新加坡教育事业所作出的巨大贡献。

参考文献

［1］《杨缵文李伟南林锦成林师万荣膺华人参事局议员》，《潮州乡讯》第四卷第十期，1949年4月1日。

［2］潘醒农：《马来亚潮侨通鉴》，新加坡：南岛出版社，1950年，第84－85页。

［3］《敬告知交（李伟南讣告）》，《南洋商报》，1964年1月27日。

［4］李志贤：《乘风破浪——新加坡澄海会馆四十周年纪念，1965—2005》，新加坡：澄海会馆，2005年，第14－16页，第72－77页。

［5］李志贤：《流金岁月：新加坡醉花林俱乐部一六六周年暨新会所开幕双庆纪念特刊》（增订本），新加坡：醉花林俱乐部，2012年，第160－162页。

［6］李志贤：《新加坡潮人侨批局探析》，载福建省档案馆：《中国侨批与世界记忆遗产》，厦门：鹭江出版社，2014年，第403－420页。

［7］林欣萤：《李伟南：二十世纪上半叶新加坡华社领袖》，新加坡国立大学中文系荣誉学士学位毕业论文，2015年。

黄芹生

Ng Khern Seng
(1882—1957)

黄芹生，又名廷萍，字言志，父亲黄长钊曾经营绸缎业，闻名商界。黄芹生昆仲三人，他排行最小，四岁失怙，自小跟随兄长就读于私塾，十一岁就离开家乡澄海县城北门（今汕头市澄海区广益街道城北社区），南来新加坡。

由于祖辈经营绸缎业，因此黄芹生刚到新加坡时，选择在致成号染布行担任学徒，二十四岁时又服务于永万隆号。他自小就有创业的志向，所以对于商业组织的经营运作，都细心留意，认真学习，加上天资聪明，很快就上手，不过几年的时间，就成为永万隆的股东和经理，于布业行内颇有盛名。1920 年，他自创廷发布行，专门经营欧美布匹，销售于新马及南洋群岛一带。他还创立泰祥号，经营京果（亦称金果，即杂货）生意。"二战"之后，他又于十八间后创办骏丰号，继续经营欧美布匹。

很多人都知道黄芹生是布业大亨，但实际上他也是民信业的重要人物，他不仅经营民信局，而且对这一行业的保留和发展贡献了很多力量。1921 年，黄芹生与刘蔡如等人合创有信庄汇兑信局于俗称大坡二马路的新桥路（New Bridge Road）38 号，并于汕头分设有信银庄，经营汇兑业务，有信庄汇兑信局迅速崛起为新马地区著名的银信汇兑银庄。

然而，随着官方邮政的发展以及邮政收归国有政策的推行，南京国民政府开始抑制中国国内的民信业。1928 年，民国政府召开全国交通会议，决定"所有各处民信局，应于民国十九年内一律取消"。由于民信局的存亡关系到广大华侨的切身利益，民国政府的决定也在海外华人社会中引起巨大反响。

1929 年 7 月，新加坡中华总商会领导的全侨大会召开，林义顺被推举为临时主席，他发言要求民国政府保留民信局，黄芹生等人也发言附议。会后也成立了新加坡华侨请愿保留民信局全体大会，推举林义顺为主席，黄芹生也当选为十七人临时组织委员会之一。在林义顺、黄芹生等人的努力和交涉下，1929年10月，民国政府交通部终于复电同意暂缓废止民信局之议。

不久，新加坡邮政总监又接获民国政府交通部的通知，于1930年要求增加侨批的邮费。这一决定又一次损害到华人的利益，于是全侨大会再次召开大会，成立新加坡各团体请愿减轻民信邮费侨民大会。黄芹生再次成为七人代表团成员之一，代表华人社群向政府请命，迫使民国政府再次让步，在邮资上做出妥协。

在两次保护民信局的事件中，黄芹生都是核心人物之一，他义不容辞，为民请愿，为保障民信业和维护广大华人及侨属的利益作出不少贡献。

不仅如此，黄芹生也非常热心于社团活动，曾任义安公司董事，同济医院总理兼主席，新加坡中华总商会董事，新加坡广东会馆董事，潮州八邑会馆董事，新加坡南洋华侨中学、南洋女子中学、中华女子学校、端蒙学校、义安女学校董事，布行商务局总理，潮州江夏堂主席等。黄芹生也积极支持家乡许多团体和学校，是汕头延寿堂名誉董事长，澄海存德善堂、便生医院董事，澄海孤儿院董事兼财政，澄海中学筹建校舍委员会委员。

黄芹生还曾担任香港新加坡帮协进会主席。在香港期间，他也成为沟通新马潮社与中国国内的代表。

如1939年，马潮救难会筹集款项救济中国沦陷区灾民时，就将款项汇寄香港，再由黄芹生代为接洽施赈事项。

（图片来源：《南洋商报》，1939年11月4日）

在定居新加坡时，黄芹生时刻关注家乡的事务，并以实际行动造福乡梓。例如，潮汕地区在经历了八年战乱后，又适逢天灾，人民生活困苦，黄芹生除了出面吁请中国政府豁免征税外，也与朋友通过救济潮普善堂的名义，筹款委托汕头、庵埠、潮安、澄海各大善堂代为施粥施赈，几年来所筹赈的款项达国币几百亿元。他也与侄儿黄孝坤拨款购米数百担，赈济亲戚族人中较为贫困者。1938年，他还被选为山东惨案筹赈会委员。

此外，对于保存家乡文化遗产和历史文化的事业，黄芹生都大力支持。澄海的地标古迹八角楼，因年久失修，面临坍塌的危险。为保存该古迹，他与侄儿黄孝坤毅然出资修葺该古楼，工程于1949年竣工。1946—1949年期间，国际汉学大师饶宗颐教授主持纂修《潮州志》，修纂过程中，由于经费所限，饶宗颐教授奉函新加坡等海外侨领，告知修志事宜，恳请各方认购，惠借款项，以应急需。黄芹生及杨缵文等发动乡亲踊跃订购七十部，并先付款五千港元，使《潮州志》最终得以编纂完成，流传后世。

黄芹生生前奉献于多个社团，在其逝世后，这些社团如同济医院、潮州八邑会馆都表示了哀悼并致挽。

参考文献

［1］潘醒农：《马来亚潮侨通鉴》，新加坡：南岛出版社，1950年，第161页。

［2］沈渭泽：《新加坡华侨名人传》，新加坡：南国出版社，1950年，第48页。

［3］柯木林：《新华历史人物列传》，新加坡：教育出版私营有限公司，1995年，第175页。

［4］陈春声：《近代华侨汇款与侨批业的经营——以潮汕地区的研究为中心》，《中国社会经济史研究》2000年第4期，第57－66页。

［5］林英仪：《一部创新格的治书信史——记饶宗颐〈潮州志〉的纂修与重刊》，《中国地方志》2006年第10期，第57－61页。

［6］陈丽园：《近代跨国华人社会建构的事例分析：1929—1930年新加坡保留民信局与减轻民信邮费全侨大会》，《华侨华人历史研究》2010年第3期，第60－67页。

陈烨榆

Chen Eck Joo[①]

(1884—1967)[②]

　　身为澄海会馆发起人之一、创建会馆筹备委员会主席暨第一任会长的陈烨榆，生前对该会馆作出了许多贡献。当年要不是包括陈烨榆在内的澄海籍先辈们的奔走呼吁和捐资出力，也许就没有澄海会馆的成立，遑论该会馆在这半个世纪以来的成就和今天的规模。

　　陈烨榆，字华萼，出生于澄海县城内市巷（今属汕头市澄海区广益街道城北居委会），二十六岁时"过番"到南洋谋生。初抵新加坡时，陈烨榆决定到本地潮州人主导的布行里打工学艺，经过十数年的勤慎劳作，蓄积有余，在三十九岁那年毅然决定出来创业，遂于小坡爪哇街（Arab Street）自创"有源布庄"。在他的努力经营之下，先后于马来亚的主要城市新山、麻坡、马六甲、吉隆坡、槟城，以及泰国首都曼谷等地创设分号，公司业务发展迅速。

　　"二战"结束后，眼光远锐的陈烨榆，鉴及社会环境的变迁和市场情况的变化，乃结束其布业商号的经营，重整资金与业务结构，并于1953年在本地创设陈烨榆实业有限公司，专营房地产业务。

　　1961年，陈烨榆复于香港创立有源橡胶制品厂有限公司，进一步拓展自己的商业王国。

　　正值自身事业的巅峰时期，陈烨榆有感于澄海人在新加坡虽然人数众多，却

---

　　① 《南洋大学会员名录》收录了"陈铎榆"（Tan Eck Joo），此人的联系地址为新加坡香港街（Hong Kong Street）；许教正主编的《东南亚人物志》一书里陈烨榆的联系地址也是香港街，相信《南洋大学会员名录》里面的"陈铎榆"为"陈烨榆"之误，两者属同一个人。

　　② 陈烨榆的确实出生年至今无法从文献上核实。此出生年以其逝世年份以及讣闻上刊登之"享年"岁数推算而得，但该"享年"或指虚岁，或据华人葬丧习俗为逝者添寿而加若干岁，故不一定准确。

散居各地，聚首无从，遂萌起在本地成立一个澄海同乡组织的念头，好让本地澄邑人士有个真正属于自己的公会。

澄海会馆成立之前，本地已有三间由澄海籍人士所组成的社团：蔡氏思敬社、蓬洲同乡公会以及樟林旅外同乡会，它们虽然在团结旅新乡亲方面起了一定作用，但始终无法为全体澄海籍同乡们服务并代表他们的利益。

迨至1965年，为了实现敦睦乡谊、加强团结、赞助公益以及促进教育的宗旨，包括陈燨榆在内的一群澄海先贤遂倡议在本地成立一个澄海旅新同乡组织。此举获得本地乡亲们的热烈响应，而德高望重的陈燨榆在1965年3月所召开的一次发起人大会上，被委任为澄海会馆筹备委员会主席。在陈燨榆的领导之下，澄海会馆获得新加坡社团注册官批准成立，而他本人于同年11月举行的第一次会员大会上，众望所归，被推选为本会馆第一届会长。

（图片来源：《南洋商报》，1965年11月15日）

陈燡榆对社会公益慈善事业非常热心，除了担任澄海会馆会长外，同时也出任同德善堂念心社名誉主席、南安善堂名誉主席、中华医院暨中华第一分院名誉院长、星洲颖川公会永远名誉会长、槟城华人公冢永远名誉主席及新加坡保赤宫陈氏宗祠董事等多家社团要职。他一生对本地华社"只问付出，不问回报"的精神，深得各界人士的景仰。

陈燡榆于 1967 年 10 月 22 日病逝，享年八十三岁，安葬于本地潮人坟山广孝山。澄海会馆全体同仁感念他在团结乡亲及创立会馆方面所作出的贡献，齐集了全体职委员暨会员们，前往陈府举行公祭，以最沉痛的心情送走这位创会先贤。澄海会馆公祭由副会长陈辑铭主祭，陪祭者有副会长翁克德、纪崇，财政许少石、王源河，筹募会所基金委员会财政李毓湘，并由总务陈立健宣读祭文、副会长周镇豪宣读陈燡榆行状。公祭仪式之庄严，出席人数之众多，为陈燡榆一生画上圆满的句点。

参考文献

［1］许教正：《东南亚人物志》，新加坡：许教正出版，1964 年，第 88 页。

［2］《南洋大学会员名录》，载吴相湘：《南洋大学创校十周年纪念特刊》，新加坡：南洋大学，1966 年，第 341 页。

［3］《陈燡榆先生讣闻》，《南洋商报》，1967 年 10 月 24 日。

［4］《殷商陈燡榆灵柩定本星期日出殡》，《南洋商报》，1967 年 10 月 28 日。

［5］《殷商陈燡榆遗体昨日安葬广孝山》，《南洋商报》，1967 年 10 月 30 日。

［6］李志贤：《乘风破浪——新加坡澄海会馆四十周年纪念，1965—2005》，新加坡：新加坡澄海会馆，2005 年，第 26－28 页。

李秉衡

Lee Peng Hung

(1884—1967)

李秉衡，字定国，父亲李景勋，母亲陈氏，他在三兄弟中排行最小。他从小在家乡澄海县澄城①内（今汕头市澄海区）的学校受教育，好学不倦，加上天资聪慧，成绩一直名列前茅，深受老师长辈们的赞赏。李秉衡在年轻时就怀有远大的志向，不想一辈子受困于家乡，希望能四海为家，寻求发展，扬眉吐气。于是，当他还是十七岁的少年时，就乘轮南下，来到新加坡。

刚到新加坡时，李秉衡任职于孔明斋，孔明斋是早期一家经营香油纸料、账簿、文具以及民信汇兑业的商号。由于勤劳刻苦，李秉衡是少数深受东主器重的店员之一，而这段经历也为他以后踏足侨批业奠定了基础。工作了一段时间后，李秉衡开始觉得长期为人打工并非长久之计，萌发了自创事业、另谋发展的想法。于是，他韬光养晦，细心学习，积累经验，也借此建立自己的人脉网络，并等待时机。

1915年，他终于集资在大坡二马路创立厚丰纸庄。自此，李秉衡得以施展其商业才干，业务日渐繁荣。不久，他又连同其他几位潮商于1920年创办有信汇兑庄。1926年，李秉衡开始进军大米行业，创办怡裕米郊，1931年再创办五丰米郊。李秉衡在业务领域的不断扩充和所取得的不俗成绩，说明他具有敏锐及过人的商业头脑，是一位有眼光和有魄力的杰出商人。

在事业有成之余，李秉衡也非常热心公益事业。他和连瀛洲等侨领在1938年12月发起组织潮州联侨俱乐部，并担任该俱乐部主席。他在香油郊业中，颇有声望，备受同行敬重，被推举担任新加坡酱园金果香油三郊联合会正主席长达

---

① 澄海县澄城，今为汕头市澄海区，分属澄华、凤翔和广益三街道。

十年。他也曾任潮州八邑会馆、新加坡中华总商会等社团的董事及端蒙学校校董。对于这些社团和学校的活动，他都给予大力的支持。例如，1924 年，潮侨成立端蒙分校筹备处，李秉衡即为筹备员之一，在各筹备员的努力之下，不久就筹得一万多元的资金，使端蒙分校得以顺利成立。1940 年，金果公局组织委员会办理核发货物进口证事宜，李秉衡就代表委员会负责呈交申请的一切事宜；1954 年，新加坡发生了严重水灾，潮州联侨俱乐部募得大米十包，请《南洋商报》社代为施赈，其中李秉衡个人就捐出一包白米。

此外，李秉衡还非常热衷于参与中国的政治活动。他在早年就是同盟会会员，之后又成为国民党党员。抗日战争期间，他也积极给予中国支持，捐献大量物资。1937 年，国立中山大学成立战地服务团，时任中山大学校长的邹鲁为名誉团长，其夫人梁定慧为团长。服务团得到香港、广州等地各界人士的支持，获得大批物资和钱款等捐赠品。1938 年 3 月，该服务团携带慰问品从广州出发，先后到武汉、郑州、开封考城、徐州台儿庄、潼关、西安、洛阳、长沙、南昌等地，对抗战将士进行慰问和宣传，受到热烈欢迎。

服务团也得到新加坡当地部分社团的资助，1940 年埔来同侨自发捐助中山大学战地服务团医药费，当时作为潮州联侨俱乐部、香汕金果及酱园三郊公局成员的李秉衡就捐赠了一千元。此外，他也曾任广西省政府名誉顾问、汕头互助社名誉顾问等职。

李秉衡虽然是一位成功的商人，担任多个要职，但为人并不浮华，而是注重实际。闲余之时他酷爱书法，经常临摹挥毫以作消遣，惜其墨宝未遗留下来。他与夫人林氏共育有五子五女。

参考文献

[1] 李谷僧、林国璋：《新加坡端蒙学校三十周年纪念册》，新加坡：端蒙中学，1936 年，第 21 – 22 页。

[2] 南洋民史纂修馆：《南洋名人集传》（第五辑），新加坡：耐明印务局，1941 年，第 397 页。

[3] 周汉人：《南洋潮侨人物志与潮州各县沿革史》，新加坡：中华出版社，1958 年，第 10 页。

[4] 柯木林：《新华历史人物列传》，新加坡：教育出版私营有限公司，1995 年，第 46 页。

潮僑李秉衡等發起

組織聯僑俱樂部

店東店員踴躍參加

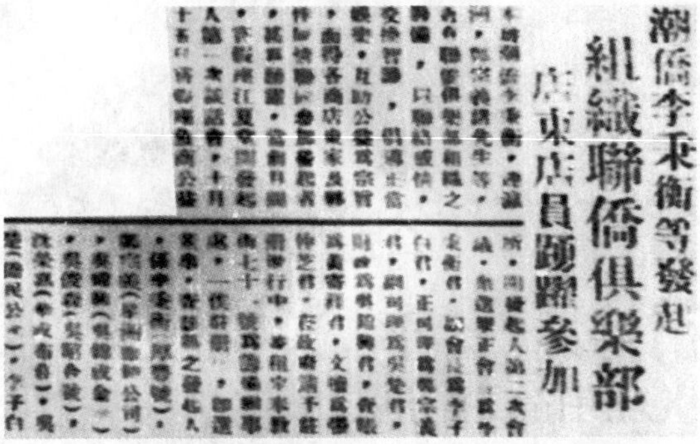

（图片来源：《南洋商报》，1938 年 12 月 12 日）

坤來同僑自動捐助

中大服務團經費

三郊公局李秉衡亦各捐千元

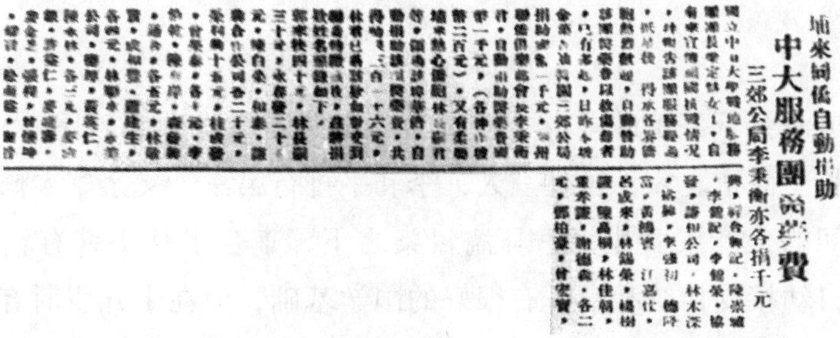

（图片来源：《南洋商报》，1940 年 3 月 10 日）

金菓行公局

決組織一委員

辦理核發進口証事宜

（图片来源：《南洋商报》，1940 年 4 月 19 日）

潮州聯僑俱樂部

捐白米十包

托本報代爲施賑

本市潮州聯僑俱樂部，一向熱心社會，該部同仁目睹此次水災災情嚴重，募得白米十包，決交南洋商報托代施賑，仁風義聲，澤及災黎。茲將該部熱心會員捐米芳名列後：張漢三兩包、黃武鏘、李秉衡、劉有蕃、林爾各一包。陳錫奎、陳逢梢、陳愈祖、陳漢傑、黃碧漢、周漢人、蕭志立、李□禹各半包。

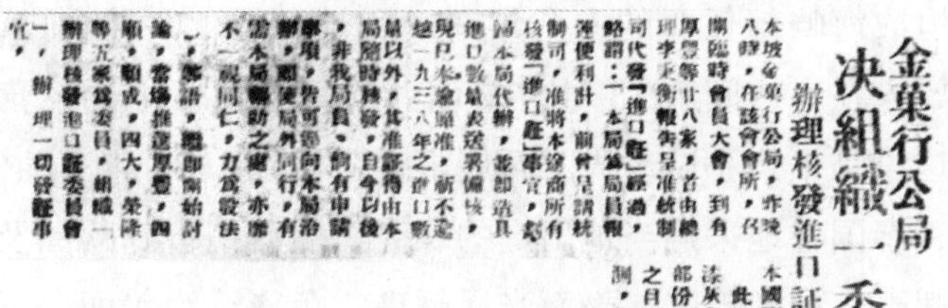

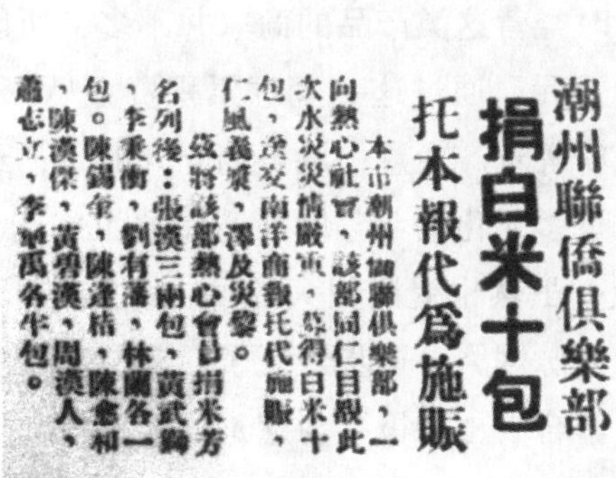

（图片来源：《南洋商报》，1954 年 12 月 29 日）

李合平
Lee Hup Pheng
(1888—1963)

出生于澄海县下蓬镇砂尾乡（今属汕头市龙湖区外砂镇砂尾乡）的李合平，字宜夫，成长于商贾之家，昆仲三人，李和平排行第三。父亲李专修主要从事汕头、津沪之间的土产买卖生意，耳濡目染之下，李合平从小就有较强的经商意识。他虽然自幼接受传统教育，有很好的国学基础，但在十九岁时弃学从商，并果断地离开家乡，跟随舅舅辛国裕来到新加坡开拓商业。他先在舅舅创立的恒成海屿郊工作，由于天资聪慧，虚心好学，很快被提升为经理。

李合平在恒成海屿郊任职的十余年间，商誉日隆，人脉愈广，故于 1923 年自谋创业，与族人在十八间后 18 号合资创办同福公司，主要经营上海、香港的绸缎国货。但这只是牛刀小试，为了开展事业，他在 1925 年又独资创立合源号，从英国、荷兰、泰国各地采购当地出产的螺壳，然后销售到欧洲及日本等地的庞大市场。这些螺壳，种类繁多，壳面光泽鲜亮，色彩缤纷美丽，因此很多外国厂家都用它们来制作纽扣或桌椅的装饰品，使之更为美观高贵。这些螺壳的另一种用途是磨成粉末，掺入油漆之中，可以大大提高油漆的品质和效能。由于用途广泛，需求量大，加上当时经营这类产品的商家并不多，所以李合平的公司在当时的年销售额可高达几十万元。通过这一生意累积资金后，李合平又创立兆顺号，经营胡椒、椰干、硕莪粉等土产生意；旋再创立开顺号，经营瓷器生意，由此拓展了经营范围，也建立了多元化的业务网络，而他也成为当地著名的殷商。"二战"期间，李合平的业务虽然也受到很大的冲击，但在 1945 年日军投降后，他凭着丰富的经商经验和人脉网络，逐步恢复了原有的庞大业务。

在开创事业之余，李合平也积极参与慈善公益及教育文化活动，担任多个跨帮群社团的要职，如连任新加坡中华总商会、华侨中学董事等，对华社贡献殊多。他在 1953 年担任广东会馆董事时，积极投入协助南洋大学筹款的工作，是该会馆协助南洋大学筹款委员会的成员。李合平更是潮人社群一位重要的侨领，历任义安公司及潮州八邑会馆董事、陇西公会名誉总理、南安善堂及同敬善堂名誉总理、陶融儒乐社名誉总理、端蒙中学财政、树人学校总理、适可俱乐部总理等。李合平善于交际，为人谦和厚道，又热心助人，且善于排难解纷，族人亲友如发生争执纠纷，只要他出面调解，皆能冰释前嫌，化敌为友，故有鲁仲连之称。1940 年，李合平众望所归，被选为潮人精英汇集的俱乐部——醉花林俱乐部的总理。值得一提的是，本地澄海乡亲们在 1939 年就曾经计划筹组成立澄海会馆，当时，李合平还是筹委会的主席，而在 1941 年 9 月的董事会复选上，他也被推选为财政主任，遗憾的是，在会馆即将正式成立和举行第一届董事就职典礼之际，"二战"爆发，日军开始南侵马来半岛，澄海会馆也因此无法如期正式成立。

李合平育有三子四女，他于 1963 年逝世，享年七十五岁。

参考文献

［1］《澄海会馆第七次筹委会议》，《南洋商报》，1941 年 6 月 30 日。
［2］潘醒农：《马来亚潮侨通鉴》，新加坡：南岛出版社，1950 年，第 87 页。
［3］沈渭泽：《新加坡华侨名人传》，新加坡：南国出版社，1950 年，第 50 页。
［4］《李合平先生讣闻》，《南洋商报》，1963 年 10 月 12 日。

澄海會館

第七次籌委會議

本坡澄海會館，廿七日晚七時，假座洪氏公會，開第七次籌委會議，主席李合平；紀錄鄒念遠，行禮如儀，首由主席報告工作經過，繼討論正式選舉，應如何辦理案．議決，組織籌辦選舉委員會，出席推定李合平，李仰光，陳三餘，洪開榜，林忠邦，張籌仁，楊柳絮，鄒念遠，洪正維，王子斌，朱應會、蔡漢秋，李財榮、陳澤愉，謝映波等十五位爲委員，負責辦理選舉及召集大會事宜，幷以李合平爲當然主席云•

（图片来源：《南洋商报》，1941 年 6 月 30 日）

澄海會館籌備處

李合平遞補正主席

本坡澄海會館籌備處主席王炎發君，日前因病逝世，該會籌備委員會，特於昨晚七時，假座商公會所召開特別會議，推舉繼任人選，出席籌委十四人，主席李仰光，紀錄鄒念遠，行禮如儀後，全體靜默向王主席致敬三分鐘，畢討 [illegible]

（图片来源：《南洋商报》，1940 年 2 月 24 日）

洪开榜

Ang Kai Pang

（1890—1971）[1]

　　出生于 1890 年的洪开榜，十八岁时便离开家乡——澄海樟林乡（今属汕头市澄海区东里镇），南来新加坡。最初，他先在他人开设的店铺里担任店员，工作了七八年后，因为勤劳刻苦，得到店家的赏识，被提升为司理。虽然在店里有很好的前途，但积累了丰富的经商经验和充足的资金后，洪开榜计划开创自己的生意。

　　1930 年，洪开榜与一暹罗商人一起开创隆盛行，担任经理。他在经营业务方面非常精明，被人称作"红孩儿"，因为神话故事里的"红孩儿"是最精明的。在处理与暹罗商人的利益关系时，他既能让对方有利可图，又不会损失自己的利益，可谓面面俱到。同时，洪开榜也善于挖掘人才，并能提携和利用可用的人才为自己谋利益。当时暹罗商人将米运到新加坡交给不同的米行代理销售。洪开榜有一位同乡任职于另外一家米行，他每每都会向这位友人打探消息，询问暹罗方有多少艘货船抵达新加坡，运送多少货物等。这样他就可以根据货物的数量提前预知市场的走势。

　　不久，这位同乡因所任职的米行倒闭，失去工作。洪开榜就趁机将他纳入旗下，充当副手，这位朋友为他工作了整整十年，成为其得力的助手。1939 年，洪开榜独自创办正盛大米出入口行，之后再与友人合办元隆盛记白米出入口行。这个时期的洪开榜已经成为当地大米行业中经验丰富且经营出色的殷商之一。

　　潮人社群是新加坡第二大华人方言群，早期南来的潮人先辈，为了团结本社

---

　　[1]　关于洪开榜之卒年，有关资料之记载有出入。柯木林主编的《新华历史人物列传》一书载其卒年为 1970 年，宋裔烽主编的《新加坡樟林旅外同乡会 2009 年金禧纪念册》称他逝世于 1971 年 4 月 8 日。经其嫡孙洪少民核实，洪开榜逝于 1971 年 8 月 4 日。

群，帮助南来移民适应及融入本地社会，互助互利，陆续成立了各潮人会馆组织，如1845年成立的义安公司和醉花林俱乐部，1929年成立的潮州八邑会馆。此外，还有潮帮学校——1906年设立的端蒙学校。身为潮人的洪开榜，也非常支持并积极参与各潮帮社团。洪开榜是潮州八邑会馆的发起人之一，并多年连任会馆董事。同时，他也历任义安公司、端蒙学校、醉花林俱乐部董事。随着移居新加坡的澄海人越来越多，1939年，洪开榜与其他澄海籍先贤如王炎发、李仰光、李合平、陈三余等人认为澄海人也应该组织起来，才能团结互助，因此他们提出筹组澄海会馆的计划，并获得政府批准注册，洪开榜被推举为会长。

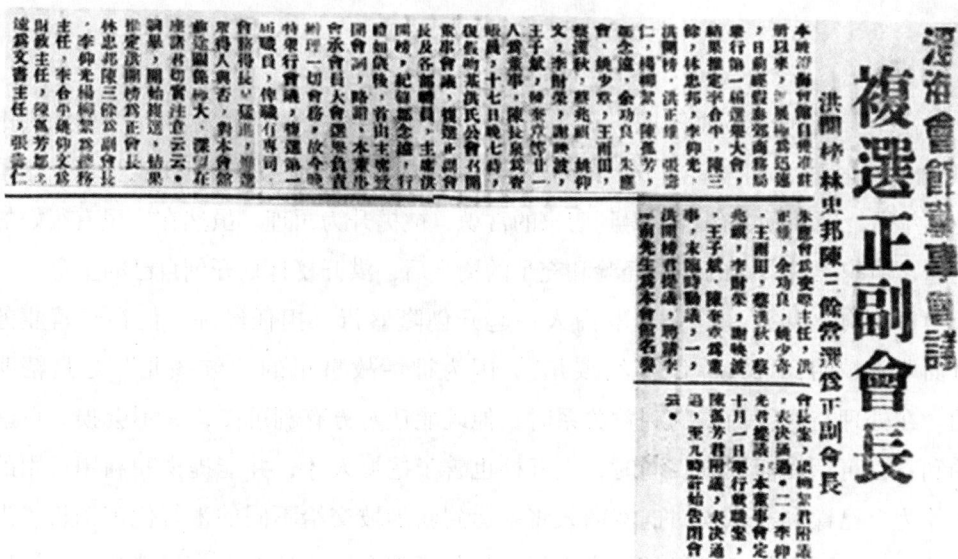

（图片来源：《南洋商报》，1941年9月19日）

但就在第一届董事准备就职之际，日军开始南侵马来半岛，新加坡旋即沦陷，会馆至终未能成立。战后，来自澄海县樟林乡的移民也日益增多，洪开榜等人又于1958年发起筹备新加坡樟林旅外同乡会，并于1960年正式成立，以敦睦乡谊、促进乡人福利事业为宗旨。洪开榜也在1938年发起成立了洪氏公会，并拨出自己的店址作为会所，其被宗亲们推选为公会主席。1963年，他还代表公会接受新加坡州元首尤索夫·依萨颁发给洪氏公会的马来西亚奖状。

一脉相承：石叻澄邑先哲传略

1963 年，洪开榜代表洪氏公会接受新加坡州元首尤索夫 · 依萨所颁发的马来西亚奖状

（图片来源：宋裔烽：《新加坡樟林旅外同乡会 2009 年金禧纪念册》，第 46 页）

　　除了参与地缘性及宗亲组织外，洪开榜历任四届新加坡中华总商会董事。他对于本地华社发起的各项公益活动都非常热心。例如，1929 年，河南、陕西、甘肃三省发生旱灾，新加坡华社举行旱灾筹赈游艺会，潮帮也协助售票，洪开榜与杨友臣二人担任其中一区的负责人，售票募得 1 762 元；1933 年，公立振南学校因经费匮乏，需售卖书刊以进行筹款，洪开榜也慷慨购买以示支持；1936 年，潮州北堤年久失修，有崩陷之势，新加坡潮侨关怀乡梓安全，决定募捐修筑北堤，募捐人员分成三组进行，洪开榜担任其中一组的副主任，带领组员进行募捐；1937 年，新加坡中华总商会会董捐助中国北平（今北京）的聋哑学校，洪开榜则捐出十元。

　　洪开榜对乡亲的关爱和服务社群的精神也影响了后裔，例如，他的嫡孙洪少民便在潮州八邑会馆、澄海会馆、南华儒乐社、新加坡樟林旅外同乡会等社团的董事会服务多年，历任董事、副会长、社长和名誉会长等职。

　　洪开榜热心公益，也因此结交了各界人士，包括文教界的闻人。例如，于1938 年至 1942 年在新加坡居住三年多的中国著名作家郁达夫，就与洪开榜不时过从。洪开榜为母亲庆祝八十大寿，郁达夫还写下诗歌《代洪开榜先生祝梁母邓太夫人八秩大庆》以之为贺。兹抄录如下：

> 柏舟高节冠南荒，教子成名有义方。
>
> 美意延年山比寿，输财济国世流芳。
>
> 不妨太素同朋少，到底桓君后代昌。
>
> 好待期颐觞咏日，重摩铜狄话沧桑。

参考文献

［1］《新加坡豫陕甘三省旱灾筹赈游艺会之报告》，《南洋商报》，1929 年 9 月 29 日。

［2］《公立振南学校购书赞助者大不乏人》，《南洋商报》，1933 年 11 月 20 日。

［3］《本坡潮侨关怀乡梓安全决募捐修筑北堤募捐员分作三组进行募捐人选己悉数举出支配就绪》，《南洋商报》，1936 年 4 月 1 日。

［4］《中华总商会会董乐助北平聋哑学校为数千余元》，《南洋商报》，1937 年 4 月 23 日。

［5］潘醒农：《马来亚潮侨通鉴》，新加坡：南岛出版社，1950 年，第 127 页。

［6］《余子安访谈记录》，新加坡口述历史档案馆档案，编号 000623／06，第五卷，1986 年。

［7］柯木林：《新华历史人物列传》，新加坡：教育出版私营有限公司，1995 年，第 143 页。

［8］宋裔烽：《新加坡樟林旅外同乡会 2009 年金禧纪念册》，新加坡：樟林旅外同乡会，2009 年，第 46 页。

［9］诗词库，http：//www. shiciku. cn/xiandai/yudafu/2043. html。

一脉相承：石叻澄邑先哲传略

陈三余

Tan Sam Er

(1891—1952)

陈三余，名建熙[1]，因在家中排行老四，故也被称为陈亚四，1891 年生于澄海澄城[2]，少年时接受传统国文教育，打下了扎实的古文基础，之后接受新式教育，十七岁时辍学从商，跟随父亲在家乡经营振泰纸行。

陈三余十九岁时独自离开家乡过番到新加坡。虽是初来乍到的"新客"，他却很快凭借在家乡所受的教育，在当时新加坡最大的暹郊陈生利商号谋得一职。陈生利商号的司理卢新科对陈三余指导有方，加上他自己勤奋好学、忠诚可靠，仅仅四年就得到提升，负责买卖货物的事务。1920 年陈生利商号进行内部改组，店名也改为陈元利商号，陈三余并没有因此离开，他继续在店内任职，因而被视为陈元利商号里经验丰富的"老伙计"。1926 年，凭借出色的能力与丰富的经验，年仅三十六岁的陈三余被提升为陈元利商号米业部"家长"（即经理）。这么年轻便当上"家长"在同行中确为少见。当时新加坡的暹郊有十几家，竞争相当激烈，陈三余充分发挥自己的专业能力，运筹帷幄，应变自如，辅助陈元利商号将大米生意经营得有声有色。他个人也成为当时新加坡最有名的米业"家长"之一，享有很高的声誉。

1936 年，陈三余离开陈元利商号后[3]，自创多家企业，大大拓展了自己的商

---

① 《澄海县华侨志》作"延熙"。

② 澄海澄城，今在汕头市澄海区内，分属澄华、凤翔和广益三街道，陈姓多数居住于澄城里的埔美乡，现属广益街道埔美社区。

③ 潘醒农：《马来亚潮侨通鉴》载陈三余于 1921 年发起创组丰发米郊；蔡志祥《亲属关系与商业：潮汕家族企业中父系亲属和姻亲》一文注解引 "1936 年 8 月 20 日陈肯构与陈守镇私人通信（见陈克湛藏陈元利文书）"，指出陈三余于 1936 年离开陈元利商号，自行创业。

业领域。1938年，他发起组创南洋贸易有限公司，专门经营米业杂货等出入口生意；1940年又创立安公司饼干厂和马来亚铁桶厂；1946年创设振南荣公司，专营暹郊及出入口船务。

陈三余不仅对经营米业拥有丰富的经验，而且还凭借在米业的卓著声誉与人脉关系，积极促进新加坡米业的发展，协助维持市场的秩序。

1939年，暹罗荣成利米郊委托南洋贸易有限公司、陈元利商号、祥和盛记三家代理出售优质暹米，但其他商号在市场上以次充好伪冒销售，于是陈三余代表暹京荣成利公司在报上发表通告，以其个人影响力警告同行切莫伪冒。1949年，新出台的米粮措施限制了大米的自由贸易，改由当局统制配售。陈三余对此非常不认同，竭尽全力反对，连日奔走于马华商联会等各大机关之间，呼吁取消大米统制，恢复自由贸易。

值得一提的还有陈三余在日军占领新加坡时对本地大米供应所作的贡献。第二次世界大战爆发后，新加坡政府对战时粮食储备十分关心。有鉴于陈三余在米业的影响力，英国殖民地政府聘请他担任战时粮食顾问，协助政府对粮食的统筹分配出谋划策。日军占据新加坡时，为了统筹粮食，特设米谷部，负责米粮的输入与分配，并强迫大米商家捐献米粮。

在日军的控制下，人民面临严重的缺粮问题。陈三余心系百姓，数次冒着生命危险前赴暹罗，动员暹罗华侨拨米救济新加坡同胞。虽然陈三余被迫成为日本政府米谷部的成员，但是这并不影响他在暹罗华侨心目中的声誉与地位，在他的动员下，许多暹罗华侨热心响应，为新加坡输入大量的米粮，在很大程度上缓解了新加坡人民所面临的米荒危机。

陈三余对华侨事务也极为关注，在事业有成之余，尽其所能为华社服务。他历任新加坡中华总商会、潮州八邑会馆、义安公司、广东会馆、澄海会馆（战前筹组注册，因"二战"爆发而被逼解散，有别于1965年正式成立之现今会馆）、端蒙学校、义安女学校、实得力孔教会（今南洋孔教会前身），以及保赤宫陈氏宗祠等社团的董事，贡献良多。

1931年，当地政府对小贩进行取缔，陈三余替小贩们感到愤愤不平，于是召集二十多个大商业团体进行商议，集体致函潮州八邑会馆，请会馆具函及派代表前往政府当局，请求改善小贩们的待遇。1947年5月，新加坡财政司拟在立法会上动议提高新加坡登录费及入境费二十元，陈三余认为政府加重人民负担，与中华总商会多位董事联函总商会召集临时董事会议，商议反对之法，最后议决联络英印商暨立法议会诸议员及进步党议员等一致反对。1947年，新加坡潮侨为家乡筹集赈款十几万元，却因外汇统制而不能汇出，有的人提议将赈款原数归还捐款人，但是陈三余极力反对，他不遗余力地与各方进行沟通，最终说服大家将赈款充作潮州八邑会馆基金，以便日后再汇寄家乡，援助乡人。

陈三余一生事业有成，并热心社会事务，得到社会各界的尊重。他1952年5月于新加坡逝世。

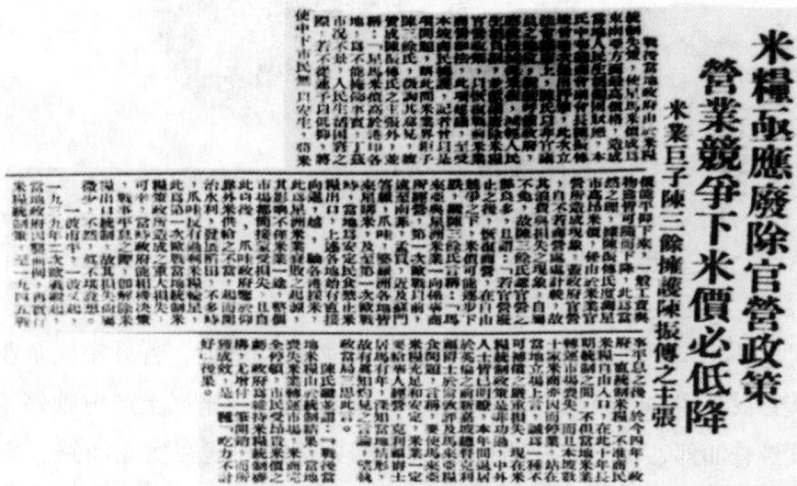

(图片来源:《南洋商报》，1949年3月18日)

参考文献

[1]《澄海会馆董事会议复选正副会长 洪开榜林忠邦陈三余当选为正副会长》，《南洋商报》，1941年9月19日。

[2] 吴以湘:《南洋各地潮侨动态》，《潮州乡讯》1949年第4卷7期，第5页。

[3]《米粮亟应废除官营政策，营业竞争下米价必低降 米业巨子陈三余拥护陈振传之主张》，《南洋商报》，1949年3月18日。

[4] 潘醒农:《马来亚潮侨通鉴》，新加坡：南岛出版社，1950年，第146页。

[5]《陈三余因病逝世今晨十一时出殡》，《南洋商报》，1952年5月20日。

[6] 澄海县人民政府侨务办公室、澄海县归国华侨联合会:《澄海县华侨志》，澄海：澄海县《华侨志》领导组，1989年，第105页。

[7] 蔡志祥:《亲属关系与商业：潮汕家族企业中父系亲属和姻亲》，《韩山师范学院学报》2009年第2期，第15-25页。

　　陈秋槎，讳广才，祖籍澄海县东湖（现为汕头市澄海区凤翔街道东湖社区）。他的祖父经营黄梨业起家，闻名于新加坡。陈秋槎完成学业之后，就在家族的公司里学习，在积累了丰富的经验后，开始独当一面，晋升家族企业高层管理。他掌管设于俗称戏馆街（即 Carpenter Street）的三来兴土产树胶郊、光发成号及光发号香汕郊，位于新桥路的光荣昌汇兑信局和建在实龙岗路（Serangoon Road）的光兴及新兴黄梨厂。在他的经营下，生意规模日益壮大，这些公司都成为新加坡著名商号。虽然生意发展迅速，业务繁忙，但对于公司事务，陈秋槎都亲力亲为，例如，1938 年，养正校友旅行队参观新兴黄梨厂时，陈秋槎就亲自接待，并带领他们参观黄梨厂。

（图片来源：《南洋商报》，1938 年 1 月 18 日）

除了专注于开拓业务，陈秋槎对于社会公益工作也热心参与，不遗余力。他曾任端蒙学校副总理、总理等职。1924 年，小坡潮侨成立端蒙分校筹备处，他担任财政员，负责募集基金，不出几日，就筹得一万多元，使端蒙分校得以顺利成立，他也成为分校的副总理兼校产的信托人。此外，陈秋槎多次参与处理端蒙分校的财务相关事项。例如，分校成立后，工部局要征收分校门牌税，但董事部认为总校门牌税已经蒙工部局豁免，分校当循例而行，故开会议决推举陈秋槎与吴竹村两人同律师进行磋商。

1929 年，新加坡潮侨在林义顺的带领下发起组建潮州八邑会馆，陈秋槎即为发起人之一，在会馆成立后，他也先后担任财政及司理、副总理、董事等职。当时，林义顺等潮商认为义安公司总理一职一直由佘氏家族世袭担任的做法有欠妥当，联名要求佘氏交出公司资产管理权，改由潮社推选具有声望的侨领，共同管理。当林义顺等人向义安公司交涉潮人公产事项时，陈秋槎是交涉委员会的七位代表之一。

陈秋槎也曾担任新加坡中华总商会董事。1928 年，日本以保护侨民为名，派兵进驻山东济南、青岛及胶济铁路沿线，其后也派兵侵入中国政府所设的山东交涉署，并肆意屠杀。惨案发生后，新加坡各帮侨民代表在中华总商会召开全侨大会，大会一致推举陈嘉庚为临时主席，并依总商会组织法，选出各帮代表组成董事会，其中闽帮十二人、潮帮十人、广帮五人、琼帮两人、嘉应帮两人、大埔帮一人、三江帮一人。陈秋槎不仅是潮帮的代表，还担任副主席。陈秋槎在醉花林俱乐部、怡和轩俱乐部、华侨中学各机构都担任要职，贡献颇多。

（图片来源：《南洋商报》，1928 年 5 月 23 日）

对于家乡的事务，陈秋槎也非常的关心。1928 年，潮汕地区人民因受战乱波及，生产受到严重破坏，损失惨重，新加坡华侨组织赈救灾民筹款，陈秋槎慷慨捐出两百元。

（图片来源：《南洋商报》，1928 年 6 月 6 日）

1942 年，日军南侵，新加坡被占领，日军举行检证，身形魁梧的陈秋槎受检时被日军所截，惨遭杀害，英年早逝。

参考文献

［1］李谷僧、林国璋：《新加坡端蒙学校三十周年纪念册》，新加坡：端蒙中学，1936 年，第 222 页。

［2］潘醒农：《马来亚潮侨通鉴》，新加坡：南岛出版社，1950 年，第 143 - 144 页。

［3］柯木林：《新华历史人物列传》，新加坡：教育出版私营有限公司，1995 年，第 88 页。

［4］李恩涵：《东南亚华人史》，台北：五南图书出版股份有限公司，2002 年，第 473 页。

［5］新加坡潮州八邑会馆：《潮涌——新加坡潮州八邑会馆八十周年纪念特刊》，新加坡：潮州八邑会馆，2009 年。

［6］Kuo Huei - Ying, *Networks beyond Empires*: *Chinese Business and Nationalism in the Hong Kong - Singapore Corridor*, *1914 - 1941*, Brill Academic Pub, 2014, p. 134, https：//books. google. com. sg.

陈辑铭

Tan Chip Meng
（1892—1972）[①]

澄海会馆创会会长陈爗榆在第二个任期内不幸病逝，时任副会长的陈辑铭临危受命，出任第二届代会长一职，带领澄海会馆度过此关键时期。在他的积极募捐下，澄海会馆新馆址筹建基金多达新加坡币十万元，为接下来之发展打下扎实与稳固的基础；而他在届满时坚持退位让贤，毫不恋栈，亦为后世树立了良好典范。

陈辑铭，字孝璋，澄海信宁乡（今汕头市澄海区凤翔街道信宁社区）人，幼年丧父，由母亲抚养成人。陈辑铭在家乡小学毕业后便到汕头市从商。二十五岁那年，陈辑铭于汕头市的永兴街创办了顺兴药材行，在他胼手胝足、惨淡经营几年后，业务稍具规模，他亦在商场上闯出名堂，被同行推举为汕头市药材公会的执行委员。由于他长袖善舞，经营有方，数载之间复于汕头市永泰街添设德兴药材行，同时也在香港创设了德兴庄药材出入口商。通过在各地设立分行，陈辑铭一步一脚印地扩展自己的生意网络。

步入不惑之年，陈辑铭注意到中药材在南洋各地的广阔市场及发展前景，于是在1935年南渡新加坡寻求商机，以期在这个华人移民众多的商埠扩展海外业务。抵新后经过一番筹备，他在俗称十八间后的沙球劳路创办了德兴祥药行，随后也决定在这个美丽的岛国定居下来，落地生根。

身为第一代移民的陈辑铭，乡梓情深，当年有感于澄海籍乡亲在新加坡定居的人数不断增加而意识到在本地成立一个澄海同乡组织的重要性和迫切性，遂响

[①] 陈辑铭之确实出生年份至今无法从文献上核实。《南洋商报》刊登之讣闻资料谓其"享年"八十三岁，本篇以之为据推算其出生年份。然该"享年"或指"积闰"，即据华人葬丧习俗为逝者添加若干岁，不一定准确。

应几位老一辈乡亲们的倡议，共同发起组织新加坡澄海会馆，并在众人的支持下，先后出任会馆筹备委员会副主席以及第一届执委会副会长。

1967 年，创会会长陈爆榆于第二届任期届满前两个月突然病逝，陈辑铭被推举为代会长，使会馆不致群龙无首，并继续展开筹建会所的工作。

陈辑铭接任后，积极展开筹募兴建新会所基金。新会所基金短短两个月内突破新加坡币九万八千元，会员们期待拥有自己的会所已指日可待。为了能让更多的新人接棒，陈辑铭于同年 11 月 26 日举行的会员大会上功成身退，坚持不续任。与会者感念他对会馆的重大贡献，一致推举他出任名誉会长，希望他留下来继续为会馆的发展出谋献策，引领年轻一辈的领导人。

陈辑铭一生笃信佛教，曾积极参与新加坡同德善堂念心社的筹备工作，并蝉联该堂第六届至第十七届主席共十二载，此外，也历任新嘉坡中华善堂蓝十救济总会副会长以及报德善堂名誉主席，一生对本地潮人善堂贡献良多。

热心参与社会慈善公益事业的陈辑铭也先后在中华医院、保赤宫陈氏宗祠、星洲颖川公会、醉花林俱乐部等多个慈善及社会服务机构中担任要职，业绩卓著，遐迩同钦。

参考文献

[1]《新加坡中华总商会商团商号会员名册》，新加坡：新加坡中华总商会，1966 年，第 504 页。

[2]《澄海会馆通告》，《南洋商报》，1967 年 11 月 14 日。

[3]《澄海会馆召开会员大会展开筹募会所基金工作》，《南洋商报》，1967 年 11 月 27 日。

[4]《澄海会馆新职员订元旦就职》，《南洋商报》，1967 年 12 月 29 日。

[5] 许教正：《东南亚人物志（第三集）》，新加坡：许教正出版，1969 年，第 325 页。

[6]《陈辑铭先生讣闻》，《南洋商报》，1972 年 3 月 29 日。

[7] 陈惠标等：《同德善堂念心社四十年简介》，新加坡：同德善堂念心社，1989 年，第 142 页。

[8] 李志贤：《乘风破浪——新加坡澄海会馆四十周年纪念，1965—2005》，新加坡：新加坡澄海会馆，2005 年，第 28 页。

陈
辑
铭

澄海會舘通告

為通告事本會第二屆職員，任期至七年底屆滿，須依照章程，重新選舉，由會員用雙記名單投票選出來屆委員二十九名。玆定於本月廿六日（星期日）下午一時，召開常年會員大會暨選舉會員職員。日昨經由郵局寄發通告及選舉查眼，連同選票各一份，希於十一會員中選出委員二十九名，選舉票城安後於十一時以前寄回本會，（如逾票寄郵不到，請恕不就領。）一屆敬請會員遞月廿六日下午一時以前，共襄進行，是所至盼。此致

一九六七年11月14日

澄海會舘代會長陳輯銘

（图片来源：《南洋商报》，1967 年 11 月 14 日）

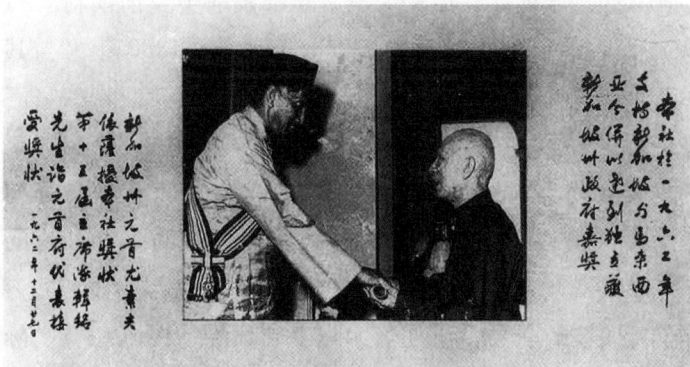

（图片来源：《同德善堂念心社四十年简介》，第 163 页）

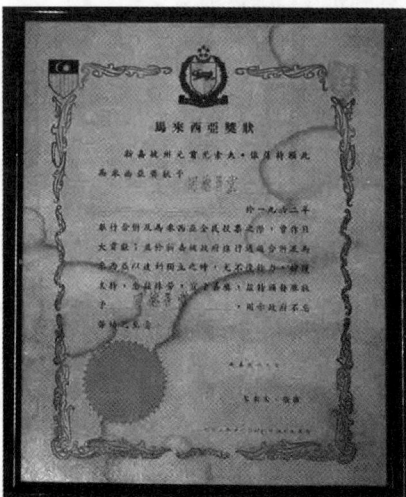

（图片来源：《同德善堂念心社四十年简介》，第 163 页）

陈肯构

Tan Kheng Khor

（1895—1945）

陈肯构，别名和渠，字由堂，号秋江，祖籍为澄海隆都镇前美乡前溪村。祖父陈慈宗于 1871 年接管家族在香港所创立的香港乾泰隆南北行，1880 年又与其他八位家族成员联合创办新加坡陈元利行；父亲陈蓉裳（又名立锥，陈慈宗三子）也在香港经商，均以忠厚仁慈闻名于同业与乡里之间。陈肯构兄弟共有五人，他排行第一，十七岁毕业于前美村成德高小学校。1917 年，较有经营管理能力的陈肯构被祖父陈慈宗指派前往新加坡辅助管理家族所拥有的陈元利行的业务。

陈元利行是曼谷黉利在新加坡的联号，早期名为陈生利商号，由陈慈黉、陈慈宗等九位家族宗亲共同拥有，以经营暹越鱼米、土产、杂货及船务等业务为主。陈肯构在陈生利商号学习经商、管理业务。

1920 年，陈生利商号改组为陈元利公司（也称陈元利行），陈肯构于此时也升任"头家"（执行总经理）一职。他在先人奠定的基础上，励精图治，勤勉治事，使公司的生意更加发达。新加坡因为土地有限，需仰赖泰国输入大米，大规模的米商也被称为暹郊。陈元利行因有曼谷黉利的大型火砻提供稳定充足的暹米货源，成为当时公认的暹郊之首，是新加坡拥有最多谷米入口执照的商号，还是新加坡最大规模的盐商。

他前后共担任陈元利行近三十年的"头家"，将陈元利公司的生意经营得有声有色。

除了在陈元利行任职之外，陈肯构又于 1929 年与其弟等人合创五荣米郊于潮州马车街（Upper Circular Road），继而又在二马路吊桥头（俗称，即新桥路的 Coleman Bridge 附近）创元荣米郊，并曾于暹京曼谷经营合顺发火郊（也称火砻，即碾米作坊）公司。20世纪30年代，陈肯构还在马来亚古来购买数十英亩土地，出租给当地村民耕种，还建立了一个"巴刹"（即菜市场，马来语俗称Pasar），将之开辟为一个小埠，并开了一条大街。该街成为古来第一条华人开辟的街道。1933年，陈肯构又在古来经营杂货京果生意，代理各色烟酒和售卖日常用品。古来旧巴刹一带后来日渐繁荣，为了纪念陈肯构最初对该地的开发与建设，当地居民将他所开辟的街道命名为陈肯构街（Jalan Tan Kheng Khor）。

陈肯构领导下的陈元利行对新加坡的社会建设、教育发展及华社事务等颇为热心，大小捐款时常见诸报端。陈肯构本人对公益慈善事业也十分热心，输财颇力。陈肯构历任多届新加坡暹郊商务局主席，他对潮社事务更是关注。1928年，陈肯构作为潮侨领袖代表之一，与其他四十名潮领联名登报，发起筹组潮州八邑会馆。他曾担任潮州八邑会馆财政与馆产信托人、义安公司财政，以及中华总商会、醉花林俱乐部、中华善堂蓝十救济总会、端蒙学校、树人学校、义安女学校等社团机构之要职。中国抗日战争期间，他还被推选为南洋华侨筹赈祖国难民总会委员。

陈肯构共育有三子：长子陈松锐、次子陈松泉、三子陈松乔。他家教甚严，要求孩子必须自力更生，才足以继承先业，发扬光大。据潘醒农在《马来亚潮侨通鉴》书中所述，陈肯构尝对友人说过："贻后人须以学问及道德，毋以钱财，吾不欲以多金遗子孙，致损其志。"

陈肯构遗产地租收据

（图片来源：《古来第一条华人开辟之街道：陈肯构街》，第31页）

73

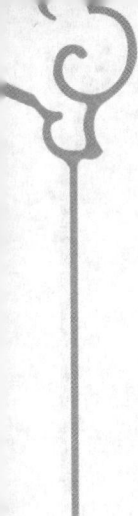

参考文献

［1］潘醒农：《马来亚潮侨通鉴》，新加坡：南岛出版社，1950年，第144页。

［2］《古来第一条华人开辟之街道：陈肯构街》，载邓国先：《古来历史图片集》，古来：东风出版社，2008年，第30－31页。

［3］蔡志祥：《亲属关系与商业：潮汕家族企业中的父系亲属和姻亲》，《韩山师范学院学报》2009年第2期，第15－25页。

［4］《隆都镇华侨志》编纂委员会：《隆都镇华侨志》，香港：文化走廊出版社，2013年，第124页。

一脉相承：石叻澄邑先哲传略

吴慎修

Goh Sim Siew
(1895—1958)

吴慎修，字友穆，出生于澄海西门吴厝村（今汕头市澄海区澄华街道西门社区吴厝村），曾在家乡肄业，1913 年南渡新加坡，以寻求更好的发展。刚到新加坡时，他就投身商界，在民信局服务，因为行事干练而称誉于业界。之后，他又转行任椰产经理。

吴慎修是天主教徒，处事稳重老成，且具有长远的眼光。他一生奉行"多做事、少说话"的原则，讨厌夸张，着重实际，并富有服务精神，不论是对社群，还是对国家都抱着这样的一种理念。吴慎修居住在位于后港六条石［现在高文路（Kovan Road）一带］的村落，居民相聚而居，邻里就如一家人。该村的园主曾一度要收回土地权，使得在此安居乐业的村民一时不知所措。吴慎修为了不让居民失去家园，于是带头倡导筹办联合实业有限公司，由村民集资入股，购买土地，并订立章程，重修村落。新修的村落，不仅水电设备齐全，而且卫生清洁，环境比之前更加完善，吴慎修功不可没。他不仅为后港村落作出贡献，造福村民，使村民能够保住自己的家园，而且他所创办的联合实业有限公司也是当时首创，成为其他村落的借鉴。

吴慎修是新加坡著名的华人社团同德书报社早期的中坚领导层，他在同德书报社服务多年，每日风雨不改到该社上班，贡献颇大，广受社员的拥戴。辛亥革命前夕，海外华侨受爱国思潮熏陶，积极参加孙中山先生在新加坡的革命活动。当时，新加坡著名侨领张永福（晚晴园主人）、黄子炎等人秉孙中山先生意旨，创办同德书报社，宣传三民主义。吴慎修于 1919 年 12 月加入该社后，历任该社正、副义务司理二十多届之久，这在当时的华侨社团里是少有的。在这段时间内，同德书报社的会务与活动发展达到一个高峰。例如，1922 年发动筹赈潮汕风灾运动；1924 年为中国各省水灾灾民筹赈捐款，同年，成立了图书、讲学、夜学、剧务、体育与游艺六部；1928 年为助赈山东惨祸而举行了一场盛大的游艺会；1930 年在夜学部增设日语、体育和音乐课程；1934 年创办了圣约翰救伤队训练班；1937 年策动社员参与"卢沟桥事变"后华侨抗日救亡运动等。长期担任司理、副司理的吴慎修，在策划与推动这些活动上扮演了重要的角色，所作出的贡献是不言而喻的。1942 年南侵的日军兵临新加坡之际，华侨领袖成立了"新加坡抗敌动员总会"，在吴慎修的动员之下，同德书报社社员踊跃报名加入义勇军团、救伤队和宣传队。1945 年 8 月 13 日，他获得日本投降的消息后，随即与另一社员蔡辉生通知社员到同德书报社开会，而在英军还未登陆接管新加坡之前，他也发动社员组织"维持秩序服务队"，协助维持地方秩序与治安，同德书报社也因此成为战后首个开展活动的社团。

> 同德書報社將發起籌賑全國水災會
>
> 本坡同德書報社諸君、因見我國各省發遭水災、損失之巨、死亡之衆、爲我國空前所未有、故特於昨晚開職員會議、經議決發起籌賑全國水災會、并定本星期六日下午二句鐘、請集各界、在該社開會籌商進行云云、
> 又一消息云、（雄飛稿）本坡同德書報社熱心諸君、以此次祖國各省選遭水患、人不聊生、故昨晚特開職員會議、討論救濟辦法、到會者有何仲英君、吳慎修君等、聞其討論結果、發起籌賑、定名爲籌賑祖國各省水災會、並聞其會長與財政二席、已得有名望之人擔任、現正積極籌備、想不日必有傳單邀請各社團開全體大會、此誠祖國災黎之福音也、喜而誌之、

（图片来源：《南洋商报》，1924 年 8 月 18 日）

身为潮人，吴慎修自然也非常关心潮人社群的事务。当时在新加坡有一份由潮人所出版的《潮州乡讯》，刊登本地潮人社群以及家乡潮州地区的消息。吴慎修对此刊物极为关注，并给予支持。他曾在该乡讯周年纪念专号上发表《诚恳的寄望》一文，表达了对该乡讯的期望。

吴慎修于 1958 年 11 月 4 日逝世，当时同德书报社不仅登报致哀，还为他组织治丧委员会，举行追悼大会。除了同德书报社众多社员外，天主教东南亚视察员、多名社团领袖都出席大会表达哀悼。

（图片来源：《南洋商报》，1958 年 12 月 1 日）　　（图片来源：《南洋商报》，1958 年 11 月 6 日）

参考文献

[1] 周汉人：《南洋潮侨人物志与潮州各县沿革史》，新加坡：中华出版社，1958 年，第 21 页。

[2] 杨进发：《战前新加坡的同德书报社》，《同德书报社九十周年纪念特刊》，新加坡：同德书报社，2000 年，第 171–176 页。

[3] 李盈慧、萧祯辉：《文韬武略旧亦新——同德书报社百年史探微》，《同德书报社百年纪念特刊》，新加坡：同德书报社，2010 年，第 210–213 页。

[4] 何威州：《东环街东沙村抗日烈士事迹》，载广州市番禺区政协学习和文史资料委员会：《番禺文史资料》（第二十六期），2013 年 10 月，第 294 页，http://www.gzpyzx.gov.cn/wszl/201503/5624.html。

[5]《同德书报社人物志》，载同德书报社：《新加坡同德书报社史话》，新加坡：同德书报社，2015 年，第 158 页。

欧 阳 奇
Chi Owyang
(1897—1988)

欧阳奇是新加坡一位杰出的银行家，兼任两国大使，为新加坡的外交作出很大贡献。

祖籍澄海县隆都下欧乡（今汕头市澄海区隆都镇下北村）的欧阳奇出生于1897年，关于其出生地有两种不同记载，[①] 一种说法是他出生于泰国曼谷，父亲早年为生活背井离乡远赴泰国谋生，在曼谷一个乡村里从事小买卖，母亲为泰国出生的华侨；另一说法是他出生于家乡，两岁时随父母亲远赴泰国。欧阳奇八岁失怙，由母亲抚养长大。他年幼时在当地一个寺庙里读书识字，还据当地礼俗出家，当过小和尚，后来就读于当地用泰语上课的政府学校。一直到1911年中华民国政府成立后，欧阳奇才转入华侨创办的新民学校接受华文教育。1914年欧阳奇回家乡修读中学，后考入上海复旦大学商科银行系继续深造。

1921年毕业后，他先在汉口的香港工商银行工作，后任该行上海与广东分行助理经理，也曾在香港、广东中国国家银行，菲律宾交通银行担任经理，积累了丰富的银行业务管理经验。太平洋战争爆发前一年，欧阳奇从菲律宾回香港。

1943年，从被日军占领的新加坡逃到重庆避难的侨领连瀛洲，与一批来自新加坡、马来亚、缅甸和印度的华侨合资创办华侨联合银行，聘请资深的欧阳奇出任经理。1948年，有鉴于中国政治局势的动荡不安与高度恶性通货膨胀，欧阳奇举家迁居新加坡，并再次被连瀛洲聘为其在新加坡合创的华联银行（Over-

---

① 欧阳奇本人在1987年10月6日接受林孝胜的口述历史访谈时声称自己出生于曼谷，母亲为当地华侨。欧阳壎在 *The Barefoot Boy from Songwad: The life of Chi Owyang* 一书中则声称父欧阳奇于1897年11月12日出生于中国，次年随父母到泰国。柯木林在《新华历史人物列传》中亦如是记载。

seas Union Bank）的经理。

开设在当时最繁忙的商业中心和银行区莱佛士坊（Raffle's Place）的华联银行在 1949 年 2 月正式营业时，相对于其他在地的银行，其规模并不算大，缴足资本只有两百万新元，管理层和职员，包括保安人员，也不足三十名。但由于连瀛洲的人际网络广泛，加以欧阳奇的经验丰富，管理效率高，客户关系良好，很快便赢得各界的信心。开业三年，银行宣布发放高达百分之五的股息，这是新加坡银行业前所未有的。再经过数年的经营，华联银行在新加坡、马六甲、吉隆坡、槟城和香港设立分行，到了 1960 年以后，更向国际市场进军，在东京和伦敦都有了分行。1964 年，连瀛洲有意开拓旅馆业和发展房地产，但在 1957 年已经升任总经理的欧阳奇认为华联银行不适合承担这些不动产项目的风险，因此建议成立另一家公司华联企业，与银行交叉持股，并管理旗下的酒店业与房地产的发展。

1968 年欧阳奇卸下总经理兼董事一职，正式退休，这时候，华联银行已经有三十二间分行，银行的存款额超过三亿新元。华联银行开业之初，在贸易融资上有很好的业绩，尤其是在大米的区域贸易方面。当时该银行与重要的大米出口国泰国的许多大银行和米商建立起紧密的战略伙伴关系。至 20 世纪 50 年代中期，新加坡大米入口贸易约百分之八十的融资额皆归华联银行处理。这些亮丽的成绩当然和身为银行经理的欧阳奇不无关系。他熟悉香港和泰国的商务环境，并利用他在这些地方的人脉关系，尤其是和新加坡、中国香港、泰国三地垄断大米行业的潮州商人的密切联系，开展市场，使华联银行在中国香港、泰国、新加坡三地的大米贸易网络中扮演重要的角色，为银行争取到很大的盈利，获得连瀛洲的赞赏，称誉他为奠下银行根基的功臣。

欧阳奇从华联银行退休后被新加坡发展银行（现称星展银行）聘为顾问，继续兼任新加坡货币局（The Board of Commissioners of Currency, Singapore，现为新加坡金融管理局，Monetary Authority of Singapore）委员。或许是因为欧阳奇精通泰语，在泰国有过较长的生活经验，熟悉泰国人的文化与习俗，并与许多泰国官方机构和公私企业皆有良好关系，新加坡外交部于 1971 年邀请他出任新加坡驻泰国大使。欧阳奇欣然接受，并坚持每年的薪金只拿象征性的一块钱。自此，他开始了长达十七年的驻泰外交使节生涯，直到 1988 年荣休，继续担任新加坡驻泰国大使馆顾问。1974 年 11 月，新加坡政府还任命他兼缅甸大使。驻泰国期间，欧阳奇与泰国皇族、军政界、商界、宗教团体领袖都建立了密切的关系，促进了新、泰两国的经济合作与文化交流。他是各国驻泰大使中驻节最久者，也是全球年纪最大的大使，赢得各界的尊重与赞誉，被泰国委任为驻泰外国使节团团长，并获泰皇亲授最高荣誉的一等白象大绶带勋章，以表彰他在促进新、泰两国外交上的贡献。欧阳奇也在 1973 年获新加坡政府颁发公共服务星章，1977 年新加坡总统颁予卓越功绩服务勋章，1983 年荣获新加坡国立大学名誉法学博士。

欧阳奇在 1988 年 11 月 25 日于曼谷病逝，享年九十一岁。他的一生有三十三年在泰国度过，十六年的孩童和少年时光，十七年的大使生涯，和这个国家有密切的关系。他的遗体在曼谷停柩三天后运回新加坡火葬，泰国派出六十名官兵组成仪仗队，在曼谷机场向欧阳奇的灵柩致礼，这是泰国官方第一次以最隆重的军礼来向外宾举行哀悼仪式。在新加坡居丧期间，时任总理李光耀伉俪、第二副总理王鼎昌，多位内阁部长、政府官员、泰国驻新加坡大使、其他外交使节、工商团体领袖、社会贤达和社区人员皆亲临吊唁和出席遗体火化仪式，新加坡武装部队官兵也列队，鸣枪三响，向欧阳奇致最后敬礼，整个丧礼简单而庄严，极尽哀荣。

1977 年新加坡总统薛尔斯（右）颁发卓越功绩服务勋章予欧阳奇

（图片来源：私人收藏）

（图片来源：《联合晚报》，1988 年 11 月 30 日）

欧阳奇遗下六子一女和十一位孙子。长子欧阳壎后来也担任华联银行董事兼总经理，曾出任邮政储蓄银行副主席、建屋发展局主席、嘉德置地集团董事会副主席等要职。

参考文献

［1］《政府委欧阳奇兼任驻缅大使》，《南洋商报》，1974 年 11 月 18 日。

［2］林孝胜：《欧阳大使口述历史访谈：新加坡经济发展史》，新加坡口述历史中心，编号：000825/05，第一至五卷，1987 年 10 月 6 日，访谈地点：泰国，http：//www. nas. gov. sg/archivesonline/。

［3］《前驻泰缅大使欧阳奇逝世》，《联合晚报》，1988 年 11 月 26 日。

［4］《泰以隆重军礼哀悼，欧阳奇灵柩运回我国，后天翡珑山举行火化》，《联合早报》，1988 年 11 月 30 日。

［5］柯木林：《新华历史人物列传》，新加坡：教育出版私营有限公司，1995 年，第 209 页。

［6］Hsuan Owyang, *The Barefoot Boy from Songwad*：*The life of Chi Owyang*, Singapore：Times Books International, 1996.

［7］陈立贵：《新加坡银行家连瀛洲》，世界潮汕网，http：//www. wcsbp. com/chaoshangrenwu，2010 年 2 月 2 日。

［8］Alvin Chua：《华联银行史》，随笔南洋网，http：//www. sgwritings. com，2011 年 8 月 16 日。

［9］隆都华侨志编委会：《隆都镇华侨志》，香港：文化走廊出版社，2012 年，第 840 页。

李略俊

Li Luejun[1]

(18?? —19??)[2]

李略俊，字伟生，父亲李泽虔。九岁于家乡澄海开始接受传统教育[3]，熟读古书且精通诗文，还通过文章表达自己的抱负，并刊登于报刊之上。二十六岁时，李略俊南来新加坡，但并没有从事文教工作，而是和许许多多南来谋生的乡亲一样，在此创业，并迅速发展。他先创立俊兴商号，位于小坡美芝路，专门经营实业达二十多年。后又开设五福商号，进行大宗树胶、甘蜜、椰肉的买卖，并成为外国商号的代理，经营达十六年之久。与此同时，他还经营永福成酒店，积累了足够的资金后，购买了数百亩的橡胶园。自此，李略俊开拓一个多元化的商业版图，其所经营业务涉及多个不同领域，成为本地的潮社殷商之一。

李略俊虽然经商，却是知识分子出身。或许和本身的教育背景有关，他特别关心和支持学校教育。

1906 年，各潮籍侨领创立端蒙学堂，给新加坡潮人子弟提供接受教育的机会。学校创办初期，由潮侨捐款三万余元充作学校基金，李略俊与大家一起踊跃赞助，且捐献从不间断，以供学校日常开销。除了金钱的资助外，他也担任端蒙学校的董事，参与制定校政和组织学校的管理工作。后来，著名侨领张永福、张来喜等人倡议建立端蒙分校，李略俊不仅担任筹办处的财政员，还慷慨捐出六百

---

① 李略俊姓名的潮州方言英文拼音无文献可考，此按本书凡例采用汉语拼音。

② 李略俊之生卒年已不可考。据现存资料所载，他在二十六岁过番从商，并在 1906 年已经有能力资助端蒙学堂的建立并成为校董，显然已经崛起成为潮帮社团的重要成员之一，而到了 1929 年，他仍然活跃于华社。据此，编者假设他过番从商后经过数年的经营，开始在潮帮占有一席之位时大约是未届四十岁的壮年，则其出生年代应约于 19 世纪中叶以后。由于其出生年份难以确定，编者在本书中将其传略编排于 19 世纪出生的先哲之末。

③ 李略俊在澄海家乡的出生地点不详，至今已无文献可考。

元作为开办经费。他也经常捐资赞助本地其他学校。

李略俊除了积极参与本地潮人社团的事务外，也关注和热心于中国的社会公益。20世纪初期，潮汕发生水灾时，他就捐出四百元作为赈灾之用；汕头市修筑堤平路时，他又捐资一千元作为支持。

1928年，日本以保护侨民为名，派兵进驻山东济南、青岛及胶济铁路沿线，其后还派兵侵入中国政府所设的山东交涉署，并肆意屠杀。惨案发生后，新加坡华社成立山东惨祸筹赈会，组织募捐员，分阶段、分区进行劝募，李略俊被推举为代表潮帮的募捐员之一。1929年，河南、陕西、甘肃三省发生旱灾，新加坡华商成立筹赈会，募款支援受灾省份，李略俊带领部分委员，负责小坡地区的募款。

关于李略俊的家庭，可考资料不多，至今只从《南洋名人集传》一书中得知其与夫人袁氏共育有七子四女；他晚年的事迹也不详。

参考文献

［1］李谷僧、林国璋：《新加坡端蒙学校三十周年纪念册》，新加坡：端蒙中学，1936年，第21–22页。

［2］南洋民史纂修馆：《南洋名人集传》（第二辑），新加坡：耐明印务局，1941年，第207页。

［3］柯木林：《新华历史人物列传》，新加坡：教育出版私营有限公司，1995年，第49页。

（图片来源：《南洋商报》，1924年4月21日）

一脉相承：石叻澄邑先哲传略

豫陝甘三省旱災籌賑會開第三次常務委員會紀

會報告云云
覆詢質詢

（图片来源：《南洋商报》，1929 年 3 月 23 日）

籌賑會募捐團進行之近況

（图片来源：《南洋商报》，1928 年 6 月 5 日）

李仰光

Lee Yan Gon

(1901—1986)

李仰光出生于澄海县下蓬镇金砂乡（今属汕头市金平区金砂乡），三岁失怙，兄弟五人由母亲林氏鞠养成人。母亲过世后，排行第三的李仰光到香港居住，获得在香港谋生的长兄支持，得以在香港皇仁书院继续升学。

十九岁毕业后，李仰光开始踏入商界就职，随即平步青云，成为当时"跨区域"的商界专业人才。1921年，他在香港顺城船务公司任职，1924年被大美烟草公司聘为驻汕代表，翌年，又转至利达洋行负责推销工作，1926年，升任汕头嘉达公司出入口经理。1929年，李仰光在汕头自创保达洋行，但在1931年即受聘于四维公司担任广州地区经理，1933年又到上海出任外资公司暹罗美成号的驻沪代表。1935年，李仰光来到新加坡担任新加坡太古南记号经理。由于他有丰富的跨域经营和管理经验，处理公司业务也得心应手，所以深受东主之信任。1940年，他创立南隆有限公司，兼任经理。约于1950年，新加坡林德利号东主林子明邀请他掌管该商号在香港的分行业务，李仰光又离开新加坡回到香港定居。

李仰光居留新加坡的时间虽然不长，但积极投入本地的社会公益活动，对华社贡献良多。1939年，澄海乡亲发起组织澄海会馆，李仰光担任筹委会总务主任。及1941年，日军占领新马前夕，澄海会馆获准注册①，举行董事会复选，他被选为董事。1941年至其回返香港任职前六七年间，他曾先后担任新加坡中华总商会、广东会馆、义安公司、潮州八邑会馆、同敬善堂、端蒙学校、义安女学

---

① 1939年，澄邑先贤洪开榜、王炎发、李仰光、李合平、陈三余等人发起筹组澄海会馆，1941年获政府当局准予注册后，随即进行董事会复选，但在第一届董事准备就职之际，日军开始南侵马来半岛，新加坡旋即沦陷，会馆最终未能成立。

校，以及南洋商科学校等社团和学校的历届董事会要职。

日军侵华期间，新加坡华侨组织星华筹赈会，发起筹款救国运动，李仰光被委为筹赈会潮帮分会总务。日军发动太平洋战争后，新马华社组织南洋华侨筹赈祖国难民总会，李仰光又被选为宣传主任，负责宣导工作。因为他积极参与抗日宣传和救济的工作，日军在占领新加坡后，随即将他拘捕，囚禁了近一个月才将其释放。

日据时期，新加坡与外地隔绝，由于受到战乱的冲击，商业停顿，物资匮缺，医疗卫生设备不足，失业流民人数大增，老弱残疾、伤病饥饿而亡者日众，不计其数的贫民死后无人收殓。1945年初，李仰光与林树森、林雨岩、叶平玉等几位潮人侨领，获得日本军政府特别厚生科的批准后，发起创立中华善堂蓝十救济总会，由修德、同奉、普救、同敬以及南安五间善堂联合组成，采用"蓝十字"为会徽，简称"蓝十总会"，并在当时的潮州八邑会馆内设立办事处，负起救伤恤贫的社会救援任务，为各族居民施医赠药、赈济茶粥衣物、收尸义殓。日军投降后，在英军尚未登陆接管新加坡之前，蓝十总会还特别购买粮食物品，施赠给被日军囚禁的英美战俘。1946年，鉴于潮汕地区战后遭遇饥荒，灾情严重，亟须救济品，蓝十总会乃组织"中华善堂蓝十救济总会施赈潮汕贫民委员会"，向万国红十字会领取了数千件旧衣服运到潮汕各地施赠给灾民，并汇款捐献给潮汕个别慈善机构救济贫民。与此同时，潮州八邑会馆也成立新加坡潮州会馆救乡委员会，筹募善款，运粮抢救，李仰光也被委为委员会总务。

（图片来源：《南洋商报》，1940年6月2日）

潮帮募捐委員會
分總務文書等七股
每股設正股長一副股長二
經推舉李仰光林忠邦邱瑞芳等擔任

（图片来源：《南洋商报》，1939 年 4 月 29 日）

京菓九八工潮解決
工友加薪十巴仙
廣東會館正副會長及董事調解結果

（图片来源：《南洋商报》，1940 年 4 月 21 日）

在日军的统治下，几乎所有民间社团都被禁止一切活动，唯独允许属于慈善机构的善堂组织继续运作。日本军政府还特别允许善堂堂员"豁免奉侍队工作及其他服役"。于是，许多居民纷纷申请加入善堂，以至当时五间善堂的堂员骤增至三千余名之多。自此，新加坡潮人善堂的救济和恤难的善举，再也不分种族、籍贯和宗教，潮人善堂的传统功能跨越了地缘的门槛界限，走进广大社会，扩大了其社会功能和使命，并深受其他社群的认同。当时，李仰光出任蓝十总会的总务，和被推举为主席的林树森，副主席林雨岩、叶平玉等潮人翘楚，共同管理蓝十总会跨域的庞大社会救济工作。

除了管理中华善堂蓝十救济总会外，李仰光在战后还曾历任新加坡三郊联合会正、副主席，对该会会务的兴革也作出了贡献。1940年初，本地京果行业发生工潮，劳资双方相持日久，广东会馆出面调解，事情最终圆满解决，李仰光在此次调解过程中扮演了重要的角色。1946年，汕头政府实行货物出口押汇新法，使本地许多经营汕叻货品出入口生意的商家深受冲击，李仰光遂领导三郊联合会函请中华总商会致电民国政府收回成命，主张结汇汇率由中国银行按价收汇是较为合理的作法。"二战"后复原和重建时期，他也领导同业成员，协助政府办理向中国采购粮食事宜，缓解了本地粮食供应的紧张局势。由于李仰光对三郊行业的建树殊勋，他在1946年秒卸下主席一职后，仍被该同业公会推举为名誉顾问。1951年，他代表香港新加坡帮协进会来新加坡视察业务时，还受到该同业公会设宴热烈欢迎。

李仰光于1986年4月25日在香港逝世。

参考文献

［1］《澄海同侨筹组会馆昨开首次筹委会分配会中各部工作人员》，《南洋商报》，1939年11月21日。

［2］《潮汕灾情惨重潮州八邑会馆决电当局设法运粮抢救成立救乡募捐委员会》，《南洋商报》，1946年5月25日。

［3］潘醒农：《马来亚潮侨通鉴》，新加坡：南岛出版社，1950年，第89、334－335页。

［4］《三郊联合会设筵欢迎李朝江李仰光陈浩彪》，《南洋商报》，1951年8月21日。

［5］柯木林：《新华历史人物列传》，新加坡：教育出版私营有限公司，1995年，第43页。

［6］《中华善堂蓝十救济总会简史》，《联合早报》，中华善堂蓝十救济总会庆祝成立六十一周年纪念广告特刊，2003年12月28日。

［7］李志贤：《新加坡潮人善堂溯源——兼论其在早期移民社会的建构基础》，载饶宗颐：《潮学研究》（第十一辑），汕头：汕头大学出版社，2004年，第68－82页。

林忠邦

Lim Chong Pang
（1904—1956）

　　祖籍澄海县下蓬区岐山乡马西村（今属汕头市金平区岐山街道）的林忠邦是新加坡著名华商和侨领林义顺的次子。据《澄邑马西乡林氏族谱》中有关林义顺的记载："次男名珑，书名忠邦，生于新加坡厦门实得力（Amoy Street）第六十三号，时清光绪三十年岁次甲辰四月二十三日早四点十一个字（凌晨四时五十五分），即西历一九〇四年润月（英文 June 之潮州方言音译，即阳历六月也）六号。"林忠邦早年曾于圣安德烈学校专攻英文，之后于 1918 年赴香港圣士提芬书院（St. Stephen's College）继续深造。1920 年学成回国后，他就在父亲的通益公司协助处理业务。但是，与其他华商第二代不同的是，林忠邦并没有完全继承家族业务或是在父辈经营的业务范围内开拓自己的事业，他选择了一个在当时还比较少人经营却又比较前卫的事业——电影业。

　　从 1927 年开始，林忠邦就开始关注电影业。为了今后在这一行业开拓自己的事业版图，他专程到美国好莱坞参观当地的电影业。1938 年，他开始涉足电影业，经营芽笼牙力影院（Garrick Theatre），不久后进一步扩充业务，创办了苏丹影院（Sultan Theatre）及实里达影院（Seletar Talkies），后改名为义顺影院（Nee Soon Theatre）。虽然受战争的影响，林忠邦的电影王国在战争期间没有进一步扩展，但随着战后社会状况恢复正常，人们生活日趋稳定，娱乐生活也开始复兴，他又设立了东南亚影片公司，发行印度、埃及与菲律宾的影片。可以说，林忠邦带动了早期东南亚电影业的发展，可谓东南亚影视业的先驱。

　　林忠邦的父亲林义顺是活跃于新加坡华社的著名人物，也是同盟会的老会员。在父亲的影响及提携下，年轻的林忠邦也成为新加坡华人社会的知名人物。二十六岁时，他就被委任为新加坡乡村局议员（Member of the Singapore Rural

Board），任期长达九年。由于他在任期间作出杰出贡献，为示表彰，政府将义顺路附近一带命名为"忠邦村"（Chong Pang Village），后来还有忠邦路（Chong Pang Road）、忠邦城（Chong Pang City）等建设也以他命名。林忠邦还担任太平局绅、棋樟山传染病检疫站巡视员、银禧基金会（Jubilee Foundation Committee）、牌照局委员会（Licensing Board）、柴炭局评价委员会（Charcoal Price Review Committee）、食盐评价委员会（Salt Price Review Committee）等的委员。

虽然林忠邦是生于斯长于斯的土生海峡华人，但他对于祖籍国有很深厚的感情和认同，这或许是受他父亲的影响。抗战期间，林忠邦和许多海外华人一样，心系祖籍国，并参与募捐筹赈支援祖籍国的抗日战争。他曾被推举为筹赈会委员及潮帮代表、抗敌委员会总务部副部长兼总务财政等职，出力颇多。

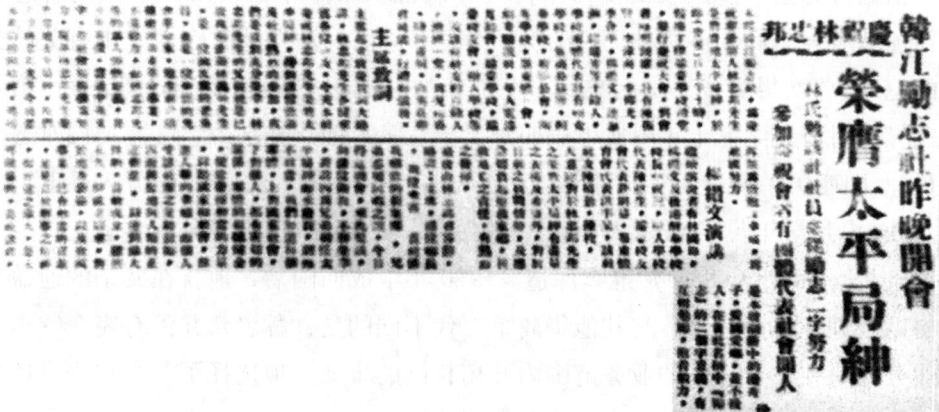

（图片来源：《南洋商报》，1939 年 6 月 26 日）

除了参与政府部门的工作，林忠邦也热心于社团活动，所参与的社团性质广泛，并不局限于某一特定类型的社团。例如，他历任马来亚电影放映人公会会长、新马印度影片商公会会长、新加坡马会选举委员会委员、马来亚马主公会委员。此外，他还担任中华总商会、广东会馆、新加坡潮州八邑会馆、义安公司等社团的要职。

林忠邦对于教育事业也非常支持。他曾任启智学校、华顺学校、湛华学校及西山学校名誉总理，圣安德烈学校监理员，端蒙学校、树人学校等学校的校董。

林忠邦的夫人是新加坡华商李浚源的独女，由于李浚源夫人舍不得女儿离开身边，所以林忠邦婚后一直住在李浚源的别墅，与李家一起生活，两人育有两男两女。

1942 年，日本攻陷新加坡前夕，林忠邦偕同母亲阮碧霞、三弟林忠民及其妻儿，还有最小的妹妹林雪玉乘船离开新加坡，不料途中所乘船只被日机炸沉，全家只有林忠邦和林忠民幸免于难。

日军占领新加坡之后，随即开展肃清行动，高居黑名单榜首的是那些曾经参与过中国抗日战争、支援抵制日货和组织、参与筹赈会活动的华人。林忠邦由于在战前曾参与南洋华侨筹赈祖国难民总会及新加坡海峡华人筹赈会的抗日救援活动，也和许多侨领一样被日军逮捕，并在日军的威胁下被迫加入"华侨协会"，与日军"合作"。日军的入侵显然使林忠邦的事业受到沉重的打击，而其家族产业也所剩无几。战后，他恢复影片业的经营，设立了东南亚影片公司，配发印度、埃及与菲律宾影片，但规模大不如前，而他也逐渐淡出社会活动。

1956 年 7 月 21 日上午 10 时 20 分，林忠邦因肠胃癌逝世，终年五十二岁，葬于武吉布朗坟场（Bukit Brown Cemetery）。他逝世后，长男林英权继承父业，继续经营他所开创的电影院。

参考文献

[1] 潘醒农：《马来亚潮侨通鉴》，新加坡：南岛出版社，1950 年，第 106 页。

[2] 柯木林：《〈澄邑马西乡林氏族谱〉的发现及其史料价值》，《南洋问题研究》1991年第 1 期。

[3] 柯木林：《新华历史人物列传》，新加坡：教育出版私营有限公司，1995 年，第126 – 127 页。

[4] 柯木林博客，http：//kuabaklim. blogspot. sg/2013/07/blog – post_ 1154. html，2013 年 7 月 9 日。

林忠邦

林忠邦与李宝娘（李浚源独生女）的结婚照

（图片来源：http：//kuabaklim. blogspot. sg/2013/07/blog – post_ 1154. html）

電影業鉅子林忠邦逝世

享年五十三歲·遺體定明日出殯

才力、蘇丹、義順三影院停業誌悼

林忠邦氏遺影

本坡電影業巨子製備林忠邦氏曾任電影公司及星馬電影院商公會會長，並任馬來亞電影放映人公會會長及星歷印度影片商公會委員，前日因病逝世，享年五十三歲，喪居下叻公司均將於明日下半旗致哀，以誌悼念。

林氏於一九二七年即注意影業，專程赴好萊塢參觀，一九三八年即購雪蘭莪之牙律戲院（即目前之義順影院）從事影片業，殷立東關。

（图片来源：《南洋商报》，1956 年 7 月 22 日）

陈立纲

Chen Li Kang/Tan Lip Kang
(1904—1976)

陈立纲祖籍为澄海隆都镇前美村，是著名华侨富商陈慈黉的侄子。陈立纲1904年在香港出生，青年时曾就读于当时著名的岭南学院，而后奔赴美国留学。1925年，陈立纲从美国宾夕法尼亚大学沃顿经济学院（The Wharton School of the University of Pennsylvania）毕业，获得经济管理学学士学位。

陈立纲毕业后并没有立即回国工作，而是先到欧洲各个国家游学，考察社情，增长见识，而后再返回香港开始经商。数年后，他又转赴中国内地，先在交通大学担任讲师，而后便到铁道部任职，开始其历任中国政府文官职位多年的不凡经历。1937年抗日战争打响时，陈立纲第一时间积极响应，投身于保卫祖国的事业中。他加入国民革命军，官至上校，并参与滇缅公路战役。随后他又加入外交部，于1942年被派往加尔各答任中国政府驻印度领事馆一等秘书。抗日战争胜利后，他于1946年再度返回香港。

1956年，在香港工作的陈立纲被裁退，遂携家人离开香港，南渡新加坡。他最初受林语堂之邀，准备到南洋大学任教，但由于林语堂突然离开南洋大学，他到大学任职一事也被搁置了。陈立纲后来进入华侨保险公司，担任内部通信的编辑，因为精通中英文，能够迅速吸收来自中西方的最新资讯，工作效率很受认可。1957年起，他又进入华联银行担任秘书，直属上司是银行的最高管理层连瀛洲和欧阳奇，一直到1974年退休。

陈立纲精通中英文，且擅长翻译。他的古文造诣尤其深厚，非常擅长古体诗的创作，曾经出版古体诗集。他对字画古玩也颇有研究，好友中不乏一众文人墨客。他们经常互相切磋诗画技艺或分享宝贵的收藏，为后人留下了珍贵的墨宝。

陈立纲还十分喜爱体育运动，尤其是高尔夫球。他是新加坡高尔夫球界的元老，曾连续多年担任新加坡岛屿俱乐部的队长。新加坡岛屿俱乐部于 1950 年成立，是新加坡首个高尔夫球俱乐部，它不仅培养专业的高尔夫球员，还是许多政商高层人员练习球技与聚会的一个场所，建国总理李光耀也曾是该俱乐部成员。陈立纲作为该俱乐部队长，不仅为俱乐部的组织发展出谋献策，还带领新加坡的高尔夫球队到国外交流切磋，为早期新加坡高尔夫球的发展作出许多贡献。

陈立纲于 1976 年 11 月 2 日在新加坡与世长辞。其原配夫人孔少妮 1940 年逝世于缅甸仰光，生一女三男；续弦夫人梁曼依，生两男，2008 年在新加坡逝世。儿子陈冠立曾担任国会议员长达十年，另一儿子陈天立也是国会议员，曾任新加坡国防部政务部长等政府职务。陈天立 1999 年在国会为"新加坡 21"辩论时曾提到父亲陈立纲，他说："家父为一家生计忙忙碌碌一辈子，以致无法抽出时间为社会效劳。我猜想他在天之灵，会对他的两个儿子在他过世后成为国会议员，补偿他所无法做到的感到欣慰。"

（图片来源：《南洋商报》，1976 年 11 月 4 日）

参考文献

［1］《华联银行前任秘书陈立纲与世长辞　订星期六下午发引火化》，《南洋商报》，1976 年 11 月 4 日。

［2］《陈天立：家的感觉使父亲决在新加坡定居》，《联合早报》，1999 年 5 月 6 日。

［3］《隆都镇华侨志》编纂委员会：《隆都镇华侨志》，香港：文化走廊出版社，2013 年，第 129 – 130 页。

［4］Jason Lim：《新加坡政治发展史（1965—1985）口述历史访谈：陈天立》，新加坡国家档案馆口述历史档案，档案编号 002530/14，访问日期 2001 年 11 月 26 日，第一卷，第 114 页。

潘 忠 存

Phua Tong Choon
(1905—1966)[①]

潘忠存，1905 年出生，祖籍澄海梅陇（今属汕头市澄海区莲华镇梅陇村），是新加坡著名侨商，他经营的永裕丰号和南丰号为本地鼎鼎有名的香汕郊大商号。潘忠存从 1947 年至 1953 年连续担任新加坡酱园金果香汕三郊联合会（简称"三郊联合会"）正主席，为三郊行业的稳健发展努力奔走、出谋划策。

"二战"期间，中国内地和香港的货源中断，新加坡光复之后，以经营中国土产杂货为主的商号纷纷向中国购买断货已久的货物，这些货物多属香港和汕头所产。自汕头解放后，因航运被封锁，新加坡的船只无法直接进入汕头，只得由香港进行转运，货物尚能保证供应充足。然而，由于星港之间船运资源紧张，船运公司便趁此机会抬高运输价格，因此造成物资飞涨，这给各商号造成极大的压力。初期，由于市面货物奇缺，尚能将价格较高之货物售出，一年多之后，国货逐渐充斥市面，高居不下的运输费用让商家苦不堪言。1947 年 3 月被推选为三郊联合会主席的潘忠存对此事十分忧虑，他上任之后，不仅与各星港轮船公司磋商，还亲自书写请求信并刊于报章之上，恳请轮船公司降低运输价格。

他在多次会员大会上勉励会员团结一致，积极与各方面商讨解决的方法，以抑低物价，加快运输，使商业恢复正常。1950 年，他更亲自飞往香港，与当地有关的进出口商和船运公司磋商，共同探讨促进两地货运的措施。在他的努力之下，船运公司对运输价格逐渐做了调整，三郊联合会各会员商号的生意也渐趋走上正轨。

---

① 潘忠存之确实出生年份至今无法从文献上核实。中文报章刊登之讣告谓其"享寿积闰六十四岁"，本篇以之为据，推算其出生年份。但"享寿积闰"，乃据华人葬丧习俗为逝者添加若干岁，不一定准确。

星港往返儎費過昂
香港郊負担過重
三郊聯會主席要求減低儎費

經濟動態

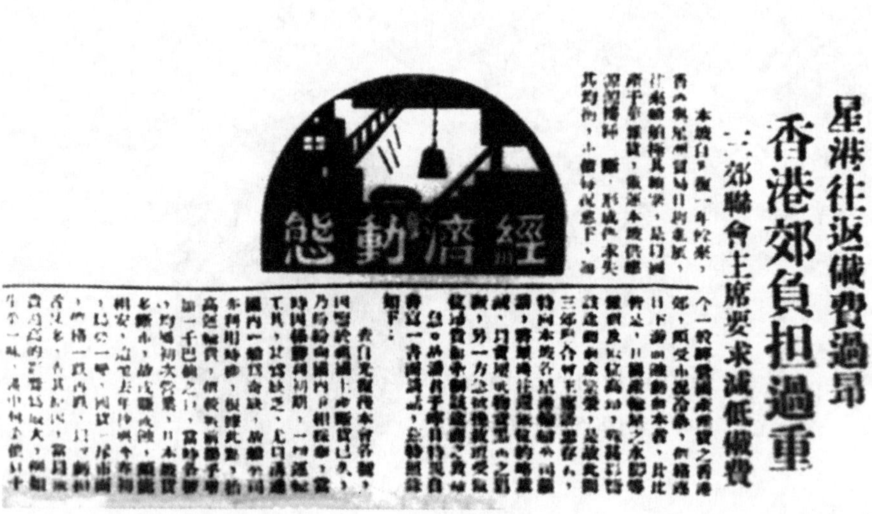

（图片来源：《南洋商报》，1947 年 4 月 8 日）

三郊联合会的会员中，很大一部分是以经营中国香港及南洋各港所出产的果菜蛋等生货为主，每次各港生货运到之时，商家们要在露天的街市进行货物标售，不仅设施不甚完备，还得饱受日晒雨淋之苦。因此，三郊联合会一直都有建设一个果菜生货市场的计划，只是空有想法久未实施，一直到 1948 年，潘忠存任正主席期间，在他的推动之下，才开始着手进行规划。这个计划得到了三郊联合会各会员的大力支持，同时，潘忠存与会员们还积极向政府官员以及当时的潮侨领袖李伟南、叶平玉等人求助，并得到他们极大的财力资助，而终于在 1951 年正式动工。

醫園金菜、汕三郊聯合會
新廈暨市場隆重開幕
主席潘忠存希望同業抑低成本使貨物暢銷
陳錦九主張商業競爭勿以血本為競爭對象

（图片来源：《 南洋商报》，1953 年 3 月 2 日）

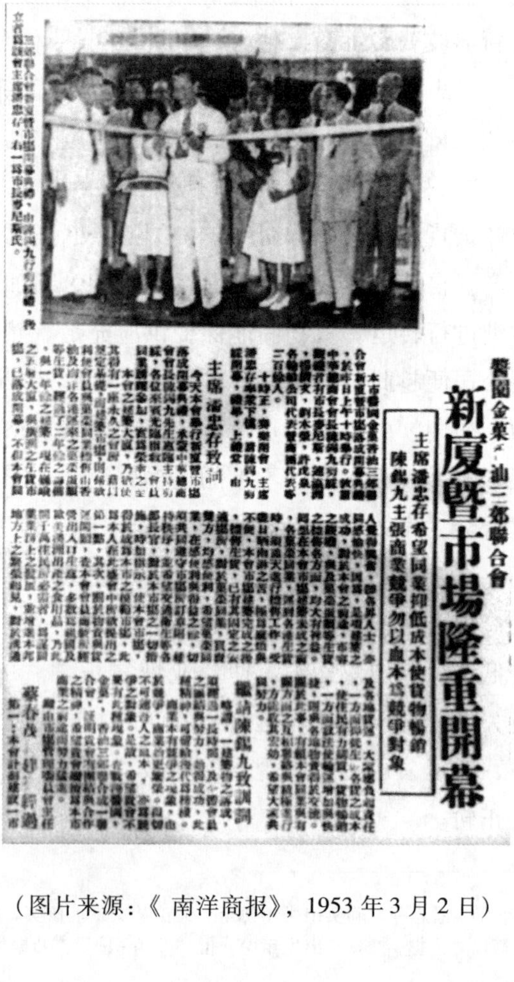

耗资约六十万元兴建的三郊大厦位于戏馆街和潮州马车街交界处，于 1953 年落成。大厦共有五

层，最底层为三郊市场，专供商家贩卖各种果菜生货，三郊联合会的办事处则设于二楼，其他各层则作为办公场所租出。该幢大厦由三郊联合会组织三郊市场管理委员会负责管理，潘忠存任管理委员和产业信托委员。在三郊大厦开幕大会上，潘忠存受邀演讲，他恳切呼吁各商家珍惜这个得来不易的营业场所，要尽力维持秩序，保持卫生，使三郊市场成为本市模范市场。

潘忠存除了为三郊行业的发展尽心尽力外，也热心于社会文化公益事业。他担任潮州八邑会馆董事期间，作为募捐委员发动潮侨为华南水灾受困同胞捐款，还积极推动潮侨进行选民登记。另外，他还担任端蒙中学、义安女学校、红桥头公立擎青学校的董事以及新潮社的监委。

1966 年潘忠存病逝于新加坡中央医院，享寿积闰六十四岁。

参考文献

［1］《三郊联合会主席潘忠存今晨飞港》，《南洋商报》，1950 年 4 月 9 日。

［2］《擎青学校第五届董事选出》，《南洋商报》，1950 年 9 月 28 日。

［3］《三郊联合会筹建五层大厦，本届新职员就职，主席潘忠存勉全体会员努力以赴早观厥成》，《南洋商报》，1951 年 3 月 10 日。

［4］《酱园金果香汕三郊联合会新厦暨市场隆重开幕》，《南洋商报》，1952 年 3 月 2 日。

［5］《星马商界闻人潘忠存仙逝　遗体订十六日出殡》，《南洋商报》，1966 年 7 月 14 日。

潘忠存

陈 景 夔

Tan Keng Kuei
(1905—1969)

　　陈景夔是新加坡澄海会馆发起人之一，会馆筹办期间曾担任征求会员组组长一职，积极广征会员，壮大会馆行列，为会馆作出重要贡献。陈景夔早期毕业于广州著名的岭南大学经济学系，是当年本地极少数受过高等教育的侨领。

　　陈景夔在 1905 年诞生于澄海县①一个富裕的家庭，在澄海县凤山小学肄业后，即被家人送往省城，到广州培正中学继续升学。在培正中学念书期间，由于品行端正，成绩优异，他深受老师们器重以及同学们的拥戴，于 1923 年至 1925年这三年期间，连续担任培正中学学生会会长。

　　1925 年在培正中学毕业后，陈景夔于同年秋季前往广州岭南大学攻读经济学系，翌年，又转到上海有名的圣约翰大学（St. John's University）。不久，中国爆发国民革命，由蒋介石领导的国民革命军从广州出发，准备攻打在中国北方的北洋军阀。1927 年 3 月，北伐军队攻至上海，大学被迫停课，陈景夔只好离开上海，远赴菲律宾首都马尼拉的菲律宾大学（University of the Philippines）继续他的大学教育。由于健康的关系，陈景夔在中国的局势稍稳定之后又重返上海，继续在上海沪江大学（University of Shanghai）升学。1928 年秋，他决定回到广州的岭南大学，并在 1929 年学成毕业，考获经济学士学位。

　　陈景夔的父亲很早就南来新加坡从商，"二战"前曾经在俗称漆木街或大坡大马路的桥南路创立成发号，经营红烟绸缎等生意。由于陈景夔在大学里主修经济学，具有商业管理知识，对经商也有兴趣，因此他在大学毕业后隔年便到新加坡，在父亲所开设的成发号担任司理，准备继承父业，在商界大展拳脚。

---

　　① 陈景夔出生于澄海县何地，至今无文献可考。

经商之余，陈景夔也热心参与社团活动。从 20 世纪 30 年代中期开始，他先后出任义安公司、潮州八邑会馆、端蒙学校、义安女学校等多家社团与学校历届董事要职，对本地潮团贡献良多。

1942 年 2 月，日军占领新加坡后，陈景夔的生意深受打击。"二战"结束后，他决定重整旗鼓，恢复业务，并于 1946 年创设成兴公司信局，经营汇兑及华洋杂货生意。在他的努力经营下，公司业务蒸蒸日上，欣欣向荣。

事业重上轨道之后，平素热心社会活动和公益的陈景夔更加积极投身于社团工作，为潮社出钱出力，作出贡献。1965 年，他与本地多位澄邑先贤共同发起组织新加坡澄海会馆，并在同乡们的支持下当选为第一届委员会的副英文书。此外，他在 20 世纪 60 年代也曾担任过义安学院委员会秘书，对潮人教育事业和新加坡大专教育的发展尽了一分力量。

陈景夔于 1969 年 5 月 23 日逝世，享年六十四岁，遗下四男三女，子孙满堂，福寿全归。

（图片来源：《南洋商报》，1965 年 4 月 16 日）

陈景夔

参考文献

[1] 潘醒农：《马来亚潮侨通鉴》，新加坡：南岛出版社，1950 年，第 151 页。

[2] 《澄海会馆获批准筹委会决定征求会员并发表组织会馆缘起》，《南洋商报》，1965 年 8 月 22 日。

[3] 《澄海会馆第一届职员昨举行就职典礼》，《南洋商报》，1966 年 1 月 3 日。

[4] 《陈景夔先生讣闻》，《南洋商报》，1969 年 5 月 24 日。

[5] 潘醒农：《新嘉坡潮州八邑会馆四十周年纪念暨庆祝新嘉坡开埠百五十周年特刊》，新加坡：潮州八邑会馆，1969 年，第 192 页。

[6] 陈澄子：《义安公司——跨入另一个千禧年》，新加坡：义安公司，1999 年，第 106 - 112 页。

[7] 李志贤：《乘风破浪——新加坡澄海会馆四十周年纪念，1965—2005》，新加坡：新加坡澄海会馆，2005 年，第 119、121 页。

王
纯
德
（仰
全）

Heng Ngian Chun
(1905—1980)

王纯德，原名仰全，字树亭，出生于澄海县①之书香门第，在当地颇有声誉。在耳濡目染之下，幼年的王纯德就对书画产生兴趣，稍长，即师从当时驰誉岭南之书画家王佐时学习书画。王佐时是一位秀才，也是王纯德的族亲，对其爱护有加，甚为器重，故将毕生研究书画的心得倾囊相授，这为王纯德在绘画方面打下了稳固的基础，使他在年轻时就崭露头角，被当地的学校聘为教师。

王纯德的妻子陈慧心也出身艺术之家，其父为潮安著名金石、书画兼收藏家陈兆五，最擅长于刻竹根印，王纯德因此有机会纵览岳父所珍藏的古今名家真迹，并获得他不时地提点，俾使王伦德的绘画功力日益精深。

在"二战"之前王纯德就携眷南来，曾在马来亚柔佛州偏僻而未有学校的乡村设立私塾，教导当地失学的孩童读书识字，开启了当地重视孩童教育之风气。他还凭着自己的中医和草药的知识，亲往深山荒郊为无力延医的村民采

王德纯作品

（图片来源：《王德纯绘画选集》，第23页）

---

① 王纯德祖籍何处已不可考，只知时属澄海县地区。

药，为他们治病疗疾，深得村民之尊敬。遗憾的是，为了维持生计，王纯德不得不放弃在乡村办教育的志愿，回到新加坡工作，应聘担任鱼商公所秘书一职。工余之时，他还是经常作画，但多属消闲自娱，作的是一些白描、西洋粉彩或写生而已。

"二战"期间，日军占据新马，实行检证，生灵涂炭，王纯德毅然加入新加坡抗日活动，但不幸被捕。虽然最后被释放，但在受连番拷打刑罚折磨后，王伦德身心已深受创伤，有赖亲友送来药物，才得以逐渐康复。

新加坡光复后，王纯德恢复工作，当时的微薄薪酬只够他维持一家大小的生计。1957年，他旧伤复发，健康日差，所幸儿女皆已成长，于是提早退休。

王纯德退休后，深居简出，重拾楮墨，自此始得专心钻研绘画艺术。他对于宋元笔法极感兴趣，揣摩精研，且对明清诸家也细心学习。他的画作，无论山水、人物、花鸟、走兽，均有独特之表现，尤以工笔重彩，最为出色。据其次男，也是著名书画家王思宗①的介绍，他父亲的画作《荷塘双鹭》《卢汀双雁》，表达了对鹣鲽情深的祝福；《罗汉雄狮图》意谓以德服众；《渔樵耕读》这幅四屏通景山水画则是描写古代社会民生概况，寓意各司其职、各安本分；而色彩极其绚璨的《群芳谱》则是表现生活丰足。至于后期所作的山水画，它们所体现的幽深高远反映了画家闭户静养、安度晚景的期盼。这些皆是王纯德的心血力作，虽然他晚年作画只是自娱，但他态度认真，不允许自己有丝毫苟且。据王思宗的回忆，王纯德"大至山川，阴晴变化，下及一花一木，靡不悉心观察，每作一画，彼斟酌再三，始肯落墨"。虽然一生中大半时间都浸淫在绘画艺术上，且造诣堪称精深，但王纯德生前从未举行过画展，也没有出版过一册画选。每当亲友同道问起，他总是笑道："老迈之人，要此何益？"或许对他而言，绘画之道，只止于志趣，多作几幅作品，流传给儿孙足矣，因为他始终都不以画家的身份自居，而这又何尝不是反映出他淡泊自守的情操。王纯德于1980年逝世后，儿子王思宗将其作品辑为画册《王纯德绘画选集》，以存纪念。

参考文献

［1］杨嘉德：《王纯德先生历略》，载王思宗：《王纯德绘画选集》，新加坡：王思宗出版，2010年。

［2］王思宗：《缅怀》，载王思宗：《王纯德绘画选集》，新加坡：王思宗出版，2010年。

———————————

① 有关王思宗之生平，参见本书第159－161页。

王
纯
德

蔡寰青

Tsai Wang Ching
（1907—1970）

蔡寰青为著名岭南派书画家及学者，工于诗词书画篆刻。

蔡寰青，字景汉，别号未庵，1907 年出生于澄海西门（今属汕头市澄海区澄华街道西门社区）的书香门第，是当地的大户。父亲蔡秉刚为邑庠生（即秀才），母亲郭氏是港口乡（今汕头市澄海区凤翔街道港口社区）郭厝巷富家女儿。蔡寰青五岁时，乃父开始口授三字经、千字文、千家诗，六岁始习毛笔字、念诵儒经，十二岁便读完论、孟五经。因自幼深受家风熏陶，他年少时已喜爱作诗，结交诗友。稍长，蔡寰青到汕头求学，其间也到美术学校学习西画，且机缘巧合下得到父执的引荐，获得数位国画名师的指导，因而对绘画更有心得，其书法画作开始受到时人的青睐。

高中毕业后，蔡寰青肄业于正风文科大学，1929 年考入民国时期六大国立高师之一的广东高等师范（为国立广东大学的四大组成学校之一，今中山大学、华南理工大学的前身），主修中国文学史及经史学，曾在澄海县教育局设立的教师国学研究室做研究。他在大学毕业后投身家乡教育工作，先在港口乡的一所私塾继承父亲的教职，后来在澄海公立第一高等小学校、蔡氏族立新德小学校任教，后在昆美乡（今汕头市澄海区凤翔街道昆美社区）自创繁新学校，兼任校长，又在城内创办澄海国风小学校，亦自任校长。当时有教员二十余名，是当地一所规模较大的学校。他还曾和当时一些知识分子如陈莹、周次康、罗霭群等人合办《潮报》。

1939 年初，侵华日军向潮汕挺进，蔡寰青因不愿受汉奸的威胁，在澄海沦陷前，携年仅十余岁的长男蔡廉溪逃离家乡避难。父子逃至三围（今汕头市澄海区凤翔街道三围社区）后，蔡寰青将儿子交由在当地打鱼的姐夫陈鲲泉抚养，自己几经周折，绕道香港，翌年再乘大利华号轮船辗转来到新加坡。

澄海沦陷后，日军屠城，城内粮绝，蔡寰青的妻子朱氏和幼子廉湲饿殍而亡，当时只有十二岁的次女蔡彼华和十一岁的次子蔡廉浦被贩卖至福建，音讯全无，家里唯剩长女，只好寄居姑母家。当时的蔡寰青，可说是因战祸招致家破人散。1948 年，他在《南洋商报》发表的《戊子咏怀八首》中还抒发了他对往事的悲痛心情和对至亲的哀悼与怀念。

蔡寰青自 1938 年 12 月抵达新加坡后即长期居住于此，他先在其岳父合创的集成号协理文书工作。集成号位于大坡二马路，是当时本地一家颇有名的九八行（京果和海味出入口商）。1956 年，蔡寰青受聘担任马来亚大学中文系秘书，兼任马来亚大学中文学会中国画导师；1957 年获得马来亚教师专业证书，随即到马来亚柔佛州新文龙中华中学执教；1963 年 9 月起被南洋大学聘为中文系专任讲师，直至 1968 年退休。期间，1965 年他还应聘为东南亚研究所（South East Asia Research Institute）文学研究组导师。

除了年轻时在家乡曾经办过报刊之外，蔡寰青在新加坡定居后也组织过许多文教团体，出版过刊物。

例如，在 1946 年创办文华国学研究社，征求文教界名流投稿，编印《文华国学丛刊》，后又设立中国文艺函授学社，也和几位同道合创发起组织南洋中华金石书画社，连任出版主任两年，之后还自创时中出版社。

蔡寰青年轻时即以诗文书画见称士林，因生活坎坷，寄情于诗画中已非一日，对诗词书画篆刻皆有精深的研究。他的画作本身就是一种综合的艺术，因为画中有诗、有书法、有金石篆刻。蔡寰青的诗词，造句遣词已是炉火纯青、有口皆碑。他的画作题材丰富，有山水、人物、花卉、虫鱼等。他多次撰文和在学术讲座中强调作画应遵循先贤之画训，其要素在立意、命名、构图、运笔、用墨、设色、渴染等。

他指出"一幅画有一幅画的题材，构了图之后便要立意命名"，而"每幅画的构图和命意要有寄托……要曲尽情理才能独造其妙。主要是求心与手合，意在笔先，兴到笔随……"谈到书法和篆刻，他认为"印章上的篆文和书法的体势是一窍相生，息息相通"的，而要"工篆法，必先熟精许氏说文之学 [①]，次及钟鼎、甲骨。写篆字，必须正锋以饱笔浓墨为之"。蔡寰青主张写字究实要"书有古法，必须追求笔法绝高之诣，不断磨研"。不过，他坦言，无论是诗词书画，

① "许氏说文之学"是指东汉时代许慎编著的文字工具书《说文解字》。

金石篆刻，"最切要的还是多多研究文学，因为文学是'六艺'①的关键所在，对于书画的理论，不无引申入微"。蔡寰青举办过多次的作品展览，至今还可在文献上找到的记载就有：1955 年秒，蔡寰青在新加坡的植哲学校举行个人国画展览会，展出人物、花鸟、山水画近八十幅作品；1957 年 7 月，他执教的柔佛州新文龙中华中学校庆展览会中专辟两室展出其书画；1962 年 8 月新加坡大学中文学会在维多利亚纪念堂（Victoria Memorial Hall）主办了"蔡寰青先生国画展览会"；1968 年 1 月，蔡寰青在中华总商会举办了为期六天的"寰青书画展"，由当时商界闻人、新加坡济阳蔡氏公会会长蔡普中主持开幕；1970 年 2 月，本地学术团体新社同样假中华总商会举办了"蔡寰青书画篆刻展览"，连展五天，展品多达 123 件，由中华总商会财政主任暨义安工艺

银行家兼诗人李俊臣致蔡寰青，赞其作品之信函

（图片来源：蔡廉溪提供）

学院副理事长，曾担任大使的黄望青剪彩开幕。据报章报道，这些展览都吸引了不少人潮，获得文人雅士的好评。新加坡著名华社侨领、银行家兼诗人李俊臣曾特函蔡寰青，赞其作品"功力均到浑朴天成，非性情中人无此佳构"；时任新加坡大学中文系主任的著名学者贺光中指出其画"蔚然铮然，一如其诗，凡志风土，记山川，无不具要眇之思，郁伊之情，所谓诗中有画，画中有诗……"柔佛州新文龙中华中学校长黄润岳则评道："蔡寰青的书画，恰如其人，方方正正，严肃拘谨。他的金石和他的书法一样，刚劲之中有珠圆玉润之气，用力不苟而不落俗，自是一格。"

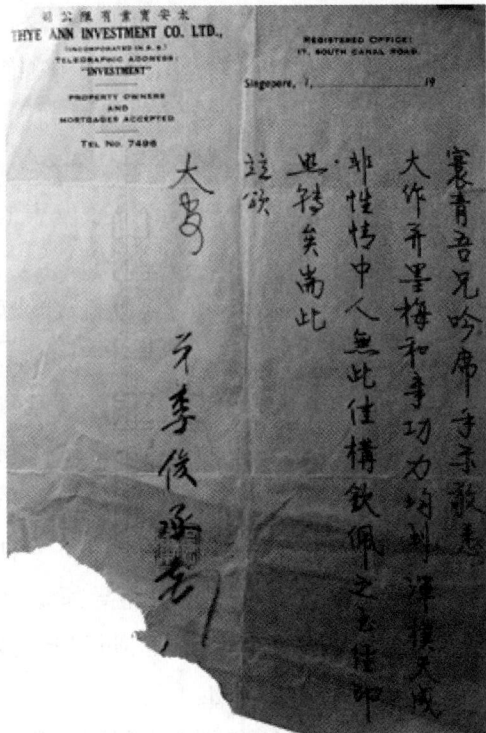

----

① "六艺"在中国古代指礼、乐、射、御、书、数六种知识与技艺，孔子曾把它列为教学内容，是儒家要求学生掌握的六种基本才能，也泛指中国古代高等教育的学科总称。汉朝以后也指《易》《礼》《乐》《诗》《书》《春秋》六经。

蔡寰青在晚年仍然孜孜不倦，一面教授诗画书法，一面将平生所学和创作、著述等编辑成书。他留下丰硕的作品，包括：《文华国学丛刊》（主编创刊号，新加坡：文华国学研究社，1946）、《戊子述怀酬唱集》（新加坡：中国文艺函授学社，1949）、《未庵画记》（新加坡：时中出版社，1952）、《战马吟》（新加坡：时中出版社，1959）、《诗书画印丛编》（新加坡：时中出版社，1964）、《秋九吟》（编，出版年代、出版社不详）、《锦堂词》《少年集》《分光集》《梅酸集》《今战场吟》（皆为手抄本，新加坡：海外藏书楼再版，2011）。蔡寰青还有不少文章与诗作，刊于报刊上，以及遗留下许多未经整理的手抄稿件和一些极其珍贵的墨宝丹青。他也曾经捐献画作给当时设于南大校园内的李光前文物馆。

集诗人、画家、书法家和篆刻家于一身的蔡寰青，是一位多才多艺的艺术家，也是一位终生献身教育，桃李满天下的学者，在新加坡文教界享有一定的地位。他在1970年9月3日病逝，各界为之痛惜，而他生前担任顾问的一些宗乡社团和文艺团体，如济阳蔡氏公会、蔡氏思敬社、南凤善堂、新社、新声诗社，以及各界好友也组成治丧委员会，按照华人传统习俗，为他办理丧事。前往探丧及执绋者众多，还有许多文艺界同道在报章和其他刊物上发表诗文，对这位先哲致以无限哀思。

蔡寰青哲嗣蔡廉溪多年来担任新加坡澄海会馆名誉董事，曾任蔡氏思敬社社长。

参考文献

［1］蔡寰青：《戊子咏怀八首》，《南洋商报》，1948年11月6日。

［2］蔡寰青：《国画概述》，《南洋商报》，1949年5月3日。

［3］蔡寰青：《未庵习画漫记》，载氏：《未庵画记》，新加坡：时中出版社，1952年，第5－6页。

［4］黄润岳：《蔡寰青的诗书画》，《南洋商报》，1962年8月3日。

［5］《南洋大学教师调查表》，1964年10月7日。

［6］蔡寰青：《自序》，载《新社主办蔡寰青先生书画篆刻展览》介绍册，新加坡，1970年，第1页。

［7］李志贤：《蔡廉溪访谈笔录》，2015年10月6日，蔡廉溪寓所。笔者按：蔡廉溪为蔡寰青长子。

［8］蔡廉溪提供之文献资料。

《烟柳长桥》

（图片来源：蔡寰青：《未庵画记》，新加
坡：时中出版社，1952年）

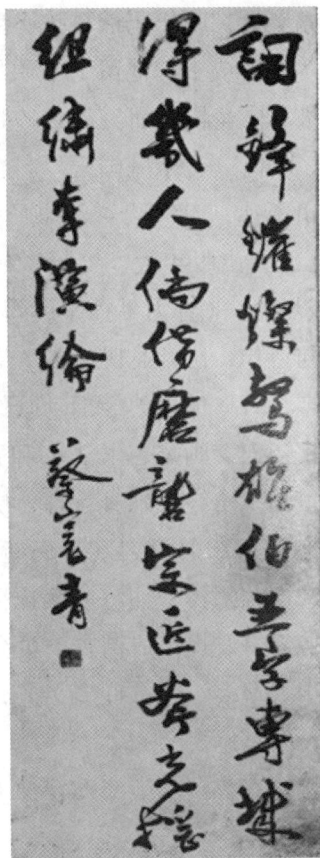

《条琴》

（图片来源：蔡寰青：《诗
书画印丛编》，新加坡：时中出
版社，1964年，第7页）

黄勖吾

Hwang Sheo Wu

（1907—1980）①

新加坡澄海会馆发起人之一的黄勖吾教授是著名学者和书法家。

黄勖吾，字剑秋，出生于澄海隆都镇前埔村黄厝社，父亲黄俊卿是侨居泰国的曼谷米行富商，人称"香爷"。黄勖吾于民国初年随父亲寓居澄海东里镇樟林塘西，自幼喜好读书，弱冠负笈金陵，1931 年毕业于中国国立中央大学文学院，获文学学士学位。在求学期间，黄勖吾获吴瞿安等名师的指导，为其诗词文章、学术书艺奠下深厚的基础。

黄勖吾大学毕业后即受聘为南京历史博物馆指导员。可是，他对家乡潮汕地区的教育状况却深感忧虑，亟思有为。翌年，他劝服父亲从暹罗拨资买下在汕头外马路一所私立的韩江艺术学院，在原址上创办海滨师范学院，延聘学界名彦，成立专业教学团队，建立规范化的三年学制师范课程和一年制的简化师范班，并设附属小学。海滨师范学院出版了一系列刊物，如《海滨学术》《海滨文艺》《海滨月刊》《海滨木刻画》和《号角》等，其中除了不少文艺佳作外，还有国学专题文章，获得学界的好评。

1936 年，海滨师范学院改组为海滨中学（后来该中学于 1950 年改名为广东汕头华侨中学，即汕头市第六中学的前身），黄勖吾出任校长，一直到 1939 年汕头被日军占领后才告停办。黄勖吾在 1943 年转任国立中山大学文学院教授兼办公厅主任，还被推选为教授会理事。抗战胜利后，他返回汕头，受聘为南华学院中文系教授兼教务主任，继续担任海滨中学校长，并被委为潮州大学筹备委员会

---

① 此出生年份据黄勖吾在《澄海会馆入会志愿书》中所填写之"年龄"推算。然该"年龄"或指华人习俗"虚岁"，故其确实出生年份有待核实。

委员和汕头市教育会常务秘书。

黄勖吾一度寓居香港，1948 年移居新加坡，先在公教中学高中部任教，兼任新加坡师资训练学院讲师，1960 年被聘为南洋大学文学院中文系教授、南洋大学研究院高级院士、南洋大学李光前文物馆主任。

黄勖吾治学谨严，造诣甚深，擅文艺理论，工诗词书法。他的书法辞章，在现代东南亚可说是"艺林独步"。黄勖吾有这样卓越的成就，一方面是他有极高的天分，另一方面则是他用毕生时间和精力研究书法辞章。他自谓："少耽辞章书艺，长炙耆宿师儒，法帖名碑，多所临习，雄文丽藻，靡不漫淫。"在少年求学于私塾的时候，他的书法天分已露头角；到了中年，对篆、隶、真、行、草各体，真是"铁砚磨穿"，所以各体书法，无不精熟；晚年时却特爱行草，其作品被誉为"出新意于法度之中，寄妙理于笔墨之外"，自标一帜，学界赞为"潮州澄海一高人，词赋文章著等身"，饶宗颐则论其倚声之作"逸兴遐思，清远浑涵"。众所周知，中国书法特别重视品行和修养，所谓"论书当先论其品，论学当先论其养"。黄勖吾胸襟开阔，志趣高超，品行淳正，学问渊博，他的作品自然富有浓厚的书卷气和感人的吸引力。

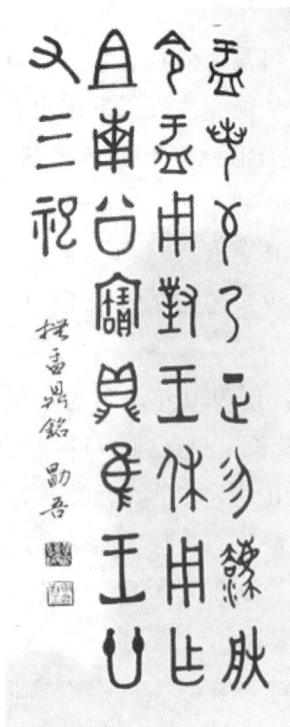

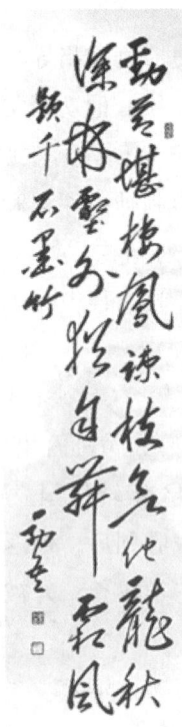

黄勖吾墨宝

（图片来源：李志贤：《乘风破浪——新加坡澄海会馆四十周年纪念，1965—2005》，新加坡：新加坡澄海会馆，2005年，第92页）

作为著名的书法家，黄勖吾对新加坡书法活动甚为关注和支持。他是新加坡中华书学研究会顾问、南洋大学中国书画研究会顾问，常应邀担任新加坡书法比赛及"国庆美展"的评选员。黄勖吾在 1974 年举办过个人书法展，他的著作丰富，主要有《艺术与人生》《中国文学史略》《中国国学常识答问》《诗词曲丛谈》《中国文学论丛》《白云红树馆文钞》《白云红树馆诗钞》《白云红树馆词钞》《白云红树馆草书洛神赋》《白云红树馆草书千字文》《白云红树馆中国书体与书法》《白云红树馆书法选辑》等。

黄勖吾不仅在学术界和书法界德高望重，而且深受新加坡潮人乡亲的尊崇。他是新加坡樟林旅外同乡会和

（图片来源：新加坡澄海会馆提供）

新加坡澄海会馆的名誉顾问，1965 年受新加坡澄海乡亲的邀请，参与筹组澄海会馆的工作。当时会馆发出的文辞精彩、立意透彻的《征求会员缘起》，正是出自黄勖吾之手。他还为会馆馆名挥毫草书一幅，刻于横匾高挂于会所中。

1979 年，黄勖吾到广州与子女会晤，翌年返回新加坡后病逝。

参考文献

［1］《澄海会馆入会志愿书（黄勖吾）》，1965 年 9 月 25 日。

［2］芮治埙：《黄勖吾生平述略》，《澄海文史资料》（第三辑），汕头：政协澄海县委员会文史资料工作委员会，1989 年，第 39－41 页。

［3］陈立健：《澄海组会忆述从头》，载《广东会馆庆祝六十周年纪念特刊》，新加坡：新加坡广东会馆，1997 年，第 126－129 页。

［4］林瑞平：《勖勉后学诗词章，吾辈努力续新篇——黄勖吾先生生平简介》，《探访潮汕著名侨乡樟林塘西》，香港：天马出版有限公司，2007 年，第 88 页。

黄
勖
吾

张寿仁

Teo Siew Jin
(1907—1983)

张寿仁 1907 年出生于澄海县樟林塘西乡，父亲张淑楷曾任汕头总商会会长，参与创办汕头自来水股份公司和电灯公司，也经营香港和汕头之间的汇兑生意和食粮贸易，规模颇大。张寿仁在汕头接受中学教育后，即奉父命前往上海攻读大学学位，专修经济学。大学毕业后，二十多岁的张寿仁来到香港，学以致用，辅助父亲经营家族生意。

张寿仁故居张厝内外观

（图片来源：林瑞平：《探访潮汕著名侨乡·樟林塘西》，香港：天马出版有限公司，2007 年，第 18 页）

1933 年，张寿仁父亲的生意受到恶劣的国际经济形势所影响，终至倒闭。当时，来自潮阳沙陇的郑大孝在暹罗开设的顺福成银行正好缺人手，于是邀请张寿仁前往暹罗帮忙。[1] 张寿仁正想趁年轻出去闯荡一番，于是应邀于 1934 年到暹罗顺福成银行工作。他深得"头家"的信任，一开始即被委任经理之职，管理贷款、放款等业务。1936 年，顺福成银行决定在新加坡吻基（Boat Quay，即新加坡河沿岸的驳船码头）开设分行，张寿仁也因出色的管理能力而被委派前往新加坡担任分行负责人。顺福成新加坡分行的主要业务是处理从暹罗进口大米的商号的汇兑业务，这段经历为张寿仁日后从事大米贸易积累了宝贵的经验。

1938 年，由于在暹罗的总行收盘，顺福成新加坡分行也结束了营业。张寿仁便开始独自创业。

因为年轻时在香港帮助父亲经商，对香港的情况比较熟悉，于是张寿仁与另一朋友合作，每次去香港一趟就采购数百元的货物运到新加坡售卖。他在加宾打街（Carpenter Street）的一间店铺里"隆帮"（马来语 Tumpang 的音译，意为寄住），租了一个摊位兜售所运过来的港货，摊位没有正式的招牌，只贴了一张写着店号"祥利"的红纸。不过，这简陋的小摊位却为张寿仁赚了第一桶金。经历了大概三年的"寄人篱下"之后，1941 年他终于在新桥路租了一间完整的店铺，主要经营食粮和日常用品。由于"二战"期间香港和内地的货源中断，张寿仁便凭借在暹罗的人脉资源，用小柴船从暹罗入口"自由米"[2] 售卖；战后情势比较稳定之后，他便正式经营暹米的入口，同时也恢复内地香港食粮杂货的买卖，随着业务规模与日扩大，他在香港街（Hong Kong Street）也拥有了自己的栈房。

张寿仁的祥利号是三郊联合会的团体会员，而他本人也连续多年担任三郊联合会的友谊联络组组长。1959 年，三郊联合会所属的三郊市场为适应市场的需要，改为新加坡华人食品入口商有限公司，张寿仁作为公司董事会成员，担任财政一职，并在 1964 年的董事会改选中，被推选为董事主席。

他同时在米入口商总会、暹郊公会担任要职，为三郊行业、大米行业的稳健

张寿仁

---

[1] 虽然张寿仁在接受国家档案馆的访谈中提起早年经营顺福成银行的"同乡"曾邀他去暹罗任职，但笔者查悉顺福成银行创办人郑大孝是潮阳县沙陇人，并非张寿仁的出生地澄海县。据张寿仁外甥陈椰确认，张寿仁年少时就住在其父张淑楷于 1915 在澄海樟林塘西乡所兴建的张厝内。

[2] 日本统治时期，米谷组合定额配大米给商家售卖，叫"配给米"；另外商家自己从其他渠道（比如暹罗）入口的大米，则称"自由米"。"自由米"买卖受到日本政府的支持，因为帮助他们解决了当地缺粮的问题。但是在那个时期，要运入"自由米"并不容易，一是船运不便，二是暹罗也限制大米出口，需要有特别的人脉关系始能交易。

发展出谋划策。

在张寿仁的人生中，日军入侵时期的那段经历不可不提。日军开始轰炸新加坡的时候，政府组织防空服务队（ARP：Air Raid Precautions）呼吁市民加入，张寿仁因为年轻的时候在香港曾加入圣约翰救伤会（St. John Ambulance Association），并且已拿到了圣约翰救伤会总部所颁发的证书，于是第一时间报名参加。

当日本入侵时，很多稍有财力的人都选择跑到国外或柔佛州较安全的山区里躲避，张寿仁却选择留在新加坡，照旧开店做生意。然而，这却给他带来了一段牢狱之灾。1942 年 10 月 2 日傍晚，出门访友的张寿仁正好遇到了前来逮捕他朋友的日军，不明所以的他也一起被抓走了。原来日军的船只在加东（Katong，近东海岸一带）海面被炸毁，他们怀疑是新加坡人所为，正好张寿仁的朋友有一艘在加东海面活动的船只，于是成了日军的疑犯。后来日军虽查明此事乃英国人所为，但并不立即放人，张寿仁被继续关押。

与张寿仁关押在一起的是几个英国人，他们常常被日军毒打逼供。每次他们被打成重伤推回牢房的时候，所有人都不敢去接近，只有张寿仁冒着生命危险将他们扶到安静的角落，救醒他们，替他们止血。这几位英国人成了他的好朋友。1943 年 2 月 15 日，张寿仁终于被释放，而他的英国朋友却作为俘虏继续被关押。1945 年日军投降后，张寿仁第一时间冲到了俘虏营，找到他那几位患难与共的朋友——分别是当时新加坡基督教圣公会大主教 Leonard Wilson，著名的会计师 Robert Burns，还有新加坡海关官员 G. C. C. Blakstad，他们合写了一封信，专门感谢张寿仁在监狱里冒着生命危险帮助他们。牢狱中的生活对张寿仁来说是一段黑色的回忆，但因为生性善良、勇于助人而获得的友谊也让他倍感欣慰。

在战后的日子，张寿仁除了经营自己的生意之外，还继续积极参与各个华社组织的公益活动，比如，1954 年他代表潮州八邑会馆响应监狱总监的呼吁，加入协助出狱犯人委员会，感化出狱轻犯，帮助他们找工作，重新融入社会；1957年广东会馆筹建会所，张寿仁受委为募捐委员，负责筹募工作。他同时在中华总商会、潮州八邑会馆、义安公司、端蒙中学、广东会馆、澄海会馆、樟林旅外同乡会担任董事，并于 1965 年受邀成为修德善堂名誉主席。

1983 年 10 月 31 日，张寿仁与世长辞，享年七十六岁。

参考文献

［1］《三郊联合会各组组长选出》，《南洋商报》，1949 年 3 月 7 日。

［2］《三郊市场管委会职员已全部选定》，《南洋商报》，1950 年 3 月 23 日。

[3]《中华总商会领导各侨团协助出狱犯人委员会定今日下午四时会议》,《南洋商报》,1954 年 1 月 14 日。

[4]《华人食品入口商有限公司,董事部改选完竣,主席张寿仁经理蔡春茂》,《南洋商报》,1964 年 1 月 6 日。

[5]《张良材递补福利主任,曾纪辰张寿仁任董事,商会董事会热烈欢迎》,《南洋商报》,1966 年 12 月 1 日。

[6]《新任商会二位董事曾纪辰张寿仁略历》,《南洋商报》,1966 年 12 月 2 日。

[7] 陈鸣鸾:《张寿仁口述历史访谈:日治时期的新加坡》,新加坡口述历史中心,编号:000303/06,第一至六卷,1983 年 7 月 23 日,访谈地点:张寿仁家中。

[8] 张寿仁先生讣闻及各界挽词,*The Straits Times*,1983 – 11 – 03.

[9] 林瑞平:《樟林塘西》,香港:天马出版社,2006 年,第 18 页.

[10] 陈椰(华南师范大学讲师,张寿仁外甥)电话访谈记录,2018 年 7 月 14 日、15 日。

张寿仁

(图片来源:《南洋商报》,1966 年 12 月 2 日)

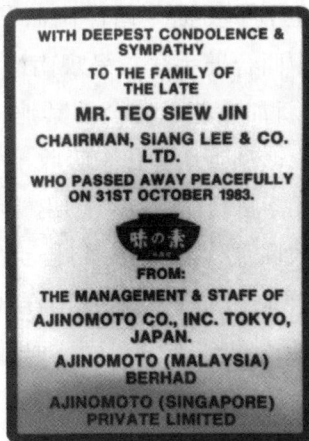

(图片来源:*The Straits Times*,1983 – 11 – 03)

113

陈宗瑞

Chen Chong Swee

(1910—1985)

出生于澄海县鮀浦村（今属汕头市金平区鮀江街道）的陈宗瑞是"南洋画派"的开创者和新加坡四大先驱画家之一。

陈宗瑞，字楷，小时就随父亲过番，在新加坡度过一个时期的童年生活，后来返回汕头接受中学教育。他从小喜欢画画，1929 年毕业于汕头市友联中学高中艺术科后，其父亲认为"绘画乃雕虫小技，不足成大器"，故将他送来新加坡习商。但陈宗瑞私自考入上海美专，后转到上海新华艺专，专攻美术，奠定了中西绘画的深厚基础。在上海求学期间，他与后来著名的新加坡书画家刘抗、陈文希等是要好的同学。1931 年毕业后，陈宗瑞在翌年便南来马来亚，在槟城及马六甲当美术教师，1934 年才到新加坡定居，先后在道南小学、端蒙中学、中正中学、华侨中学、师资训练学院（今教育学院），以及南洋美专（今南洋艺术学院）任教，直至 1973 年退休。

当人们谈到陈宗瑞，就免不了要提"南洋画派"。所谓"南洋画派"，简单地说，就是以油彩和彩墨的中西合璧手法，呈现南洋一带的风土人情。1952 年，陈宗瑞联同成立于 1949 年的新加坡艺术协会的其他三位成员钟四宾、陈文希和刘抗数次到印尼的巴厘岛写生，从当地文化中吸收了大量元素，并且将水墨、油画的技巧和这些热带地区的元素进行融合，开创出一种属于南洋地区的独特艺术类别。翌年，他们举办了一次联展，展出许多具有"南洋画风"的创作，轰动一时。这些作品奠定了"南洋画派"的基础，南洋风格时至今日依然影响着新加坡艺术家的创作，而他们四人也被誉为"南洋画派"的开创者和新加坡的先驱画家。

陈宗瑞专注于纸本彩墨画，提倡普及化的美学艺术观，他认为艺术不是画家个人的宣泄，画作必须反映生活现实，要具有一定的社会意义。1952年巴厘岛写生是陈宗瑞绘画生涯上具有重要意义的转折点。他经过多年的探索，终于找到了属于南洋自己的绘画语言，并将之演绎为特殊的"南洋画风"。他将传统中国画和西洋画的写实主义融合起来，以描绘南洋地区的风土人情。他的画作题材以南洋景观为主，特别喜欢表现蕉风椰雨的特色，无论山水，还是人物，都充分体现出南洋独特的风格。

《准备祭品》（彩墨）
（图片来源：《新加坡潮人四大家书画展》）

陈宗瑞

作为一名先驱艺术家及艺术教育家，陈宗瑞对新加坡本地艺术的发展作出了重大贡献。他在南洋美专执教二十余年，桃李满门，为本地培养了大批艺术创作人才。其绘画风格强有力地影响了新马两地不少著名画家，对新加坡的美术发展也起了重大的影响。

陈宗瑞也长期致力于推动本地美术活动，对新加坡早期艺术的开拓，作出不可磨灭的贡献。

1935年，陈宗瑞联同艺术界同仁组倡沙龙艺术研究会，后改称中华美术研究会，1969年发起组建新加坡水彩画会，历任这两个艺术团体多届正副会长、财政、名誉会长。从1960至1980年间，他先后受邀担任其他艺术团体的会员或顾问，包括南洋美专、三一指画会、更生美术研究会以及新加坡教师美术与手工艺协会。他历任新加坡国庆美术展评选委员，也是本地许多美术展览、美术比赛的评选委员。值得一提的是，陈宗瑞文笔极佳，经常在报刊发表关于东西方艺术、艺术教育，以及多元环境下水墨画发展的鸿文。这些文章和他的百首诗篇后来分别被收录在《陈宗瑞文集》和《画室诗草》中。书中还附有许多难得一见的珍贵照片。1965年，陈宗瑞荣获新加坡政府颁发的公共服务星章，以表扬他对国家艺术活动的贡献。

自1932年起，陈宗瑞积极参加国内外各机构举办的美术展览，1935年便获得英王乔治五世银禧美展奖金。1984年，新加坡文化部联合国家博物院主办"陈宗瑞回顾展"，并出版画集。

1998 年，新加坡国家文物局与新加坡国家美术馆联合主办"陈宗瑞艺术之路"展览，并为他出版画集。此外，南风美术公司也曾于 1981 年为陈宗瑞出版了《陈宗瑞彩墨画集》，苏富比拍卖行则于 1994 年出版《陈宗瑞慈善拍卖画集》。

陈宗瑞于 1985 年病逝，享年七十五岁。他在生前曾表示希望作品可以公开展出，并设立奖学金。

为了完成陈宗瑞的遗愿，他的家属捐献二百零五幅画作给当时的新加坡国家博物馆，五十四幅供博物馆永久收藏，其他一百五十一幅画则作通过世界著名的苏富比拍卖行拍卖，并在 1995 年由新加坡国家艺术理事会设立"陈宗瑞美术奖学金"。

《渔村景色》（彩墨）　　　　　　《中秋戏笔》（彩墨）

（二图图片来源：《新加坡潮人四大家书画展》）

参考文献

［1］《澄海会馆入会志愿书（陈宗瑞）》，1965 年 9 月 9 日。

［2］陈宗瑞：《陈宗瑞彩墨画集》，新加坡：南风美术社，1981 年。

［3］《新加坡潮人四大家书画展》，新加坡：新加坡潮州八邑会馆，2000 年。

［4］《"南洋画派"创始人陈宗瑞百年诞辰纪念展开幕》，丹青海藏网，http：//www. pp6. cc，2010 年 12 月 23 日。

［5］周雁冰：《勤于创新　先驱画家绘南洋》，联合早报网，http：//www. zaobao. com. sg，2015 年 8 月 9 日。

陈
宗
瑞

吴
以
湘
Wu I Shiang
(1912—1986)

　　吴以湘 1912 年出生于澄海苏湾都莲阳乡（苏湾都今属汕头市澄海区莲上镇，莲阳乡今已分属几个村），是 20 世纪 40 年代末创刊于本地的一份著名刊物《潮州乡讯》的主编。

　　生长在中国"五四运动"时期的吴以湘，在新文化运动的熏陶下，少年时期就已经对文学有浓厚的兴趣，喜爱阅读书报，奠定了深厚的文史根基。他南来新加坡后，曾到中正中学总校当老师，教授史地和国文（即华文）等科目，还是华文中学教师会的领导人，在文教界具有一定的声望和影响力。他生前也曾担任过同德书报社理事。

　　吴以湘秉着一种让侨胞通过家乡事物维系乡情的热忱，用课余时间办起《潮州乡讯》双周刊。

　　1947 年 8 月，由他领导的编委会在位于月眠路（Goodman Road）的中正中学总校校址里设立出版社，《潮州乡讯》交由当年的《星洲日报》承印，以每册四角钱的售价，在本地各大书局出售。《潮州乡讯》的出版获得学校和同事们的支持，出版经费则来自潮社领袖的赞助和商家刊登广告的广告费。据报章报道，《潮州乡讯》在出版后一年半曾在该刊物上刊登一则《催收刊费紧急通告》，向订户和代理商追讨定刊费，由此可见，它在当时应该是经营惨淡的。

　　据吴以湘的子女们回忆，他们兄弟姐妹共十人，其父亲一个人单独挑起一家人生活的担子。除在中正中学任职外，吴以湘还在两所夜校兼职，并替多个社团编写特刊，剩余的时间才用来编《潮州乡讯》。吴以湘办《潮州乡讯》几乎是"一脚踢"，从收集资料、写稿，到招广告、约稿等，每每要工作至凌晨，而学校假期一到，他又得为稿件奔波于东南亚各地。还好有二弟吴以南帮他校稿和整理资料，而有关潮州名俗和掌故方面的稿件，则由著名的潮州讲古先生黄正经帮他审稿，并为刊物写稿。当时还有不少文章作者都抱着为乡亲服务、贡献于社群的精神，为《潮州乡讯》出一分力，就算没有稿酬，也继续提供稿件，这使吴以湘在经济上减轻了一些负担，也深受鼓舞。

《潮州乡讯》一如其名，报道的大都是各地潮州人的信息，涉及的内容多样化，包括经济、政治、地理、历史、文化、风土民情、地方新闻等，也有人物专访和行业特写。此外，几乎每一期的《潮州乡讯》都辟有"南洋潮侨动态"专栏，报道东南亚各地潮州人聚居地的近况，如马来亚（今马来西亚）的麻坡、亚罗士打、居林，印尼的占碑，暹罗的曼谷，编者都曾撰文介绍。《潮州乡讯》还有"半月商情"专栏，报道汕头和南洋多个地方的重要物品，如米、油、糖、豆类、咖啡、胡椒的价格，并有金融行情。文化方面的内容则有潮州歌谣、掌故、俚语、俗谜、歇后语、方言等，不一而足。《潮州乡讯》也辟有副刊，稿源来自中国潮汕各地的新闻、本地报社和社团，个人投稿者亦相当踊跃，吴以湘在中国的老同学就经常为他提供稿件。

不过，1949年后，中国政府与东南亚各地政府的关系日渐疏离，中、新两地人民的交往也受到诸多限制，来自中国方面的稿源越来越缺乏，《潮州乡讯》的内容便从报道中国侨乡新闻转向着重报道东南亚潮团活动消息，最终在1962年左右停刊。除了稿源匮缺之外，乡缘的日趋淡薄或许也是迫使《潮州乡讯》停刊的另一原因。吴以湘在1964年又办了一份新刊物《泛马潮讯》，可惜这份杂志没几年也停刊了。

其实，《潮州乡讯》在当时的流通范围相当广泛，并具有一定的影响力，它的销行地区包括新加坡、马来亚、暹罗、越南、印度尼西亚各地，在潮社各界拥有广大的读者群。新、马地区的一些刊物，如《马来亚潮侨印象记》《马来亚潮侨通鉴》都对它作了介绍，并指出它是马来亚潮侨唯一之定期刊物。二十世纪四、五十年代《潮州乡讯》曾在汕头地区流通，一些报章在报道有关新、马潮社概况时还曾引用过其中的资料。

尤为重要的是，作为当时一本侨刊，《潮州乡讯》扮演了新、马潮人与祖国家乡、南洋其他地区潮社的联系纽带，把新、马潮人带进家乡和其他地区潮人社群的社会场景，为各地潮人建立起一个想象的共同家园。诚如吴以湘在创刊号里所言："……来到这异域谋生的侨胞大众，无论是谁，对于祖国故乡的一切，其关怀之殷，想念之切，相信人同此心，心同此理了罢……我们创办了这个《潮州乡讯》。我们将以诚恳而热烈的心情，为我们的潮侨负起了沟通潮州消息的责任，翔实报导，严正批评，务使纵然僻居山芭海角的同乡，读了是刊，亦能憬然于故乡的面貌，燃起其爱国爱乡的情绪。"《潮州乡讯》已停刊多年，而吴以湘也在1986年因心脏病去世。今天在新加坡图书馆所保存的《潮州乡讯》数量虽然不多，民间私藏却仍然十分完整。据悉，大英图书馆也藏有不少散本。它们仍是人们了解南洋潮人事迹与成就的重要资料，是研究海外潮人学者所不可或缺的参考文献，具有不容忽略的学术价值。

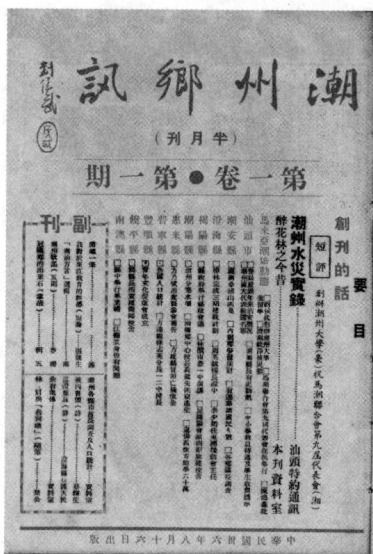

（图片来源：陈传忠提供）

（图片来源：吴以湘：《创刊的话》，《潮州乡讯》，1947 年 8 月 16 日，第一卷第一期，第 3 页）

参考文献

［1］吴以湘：《创刊的话》，《潮州乡讯》，1947 年 8 月，第一卷第一期，第 3 页。

［2］《澄海会馆入会志愿书（吴以湘）》，1965 年 1 月 12 日。

［3］莫美颜：《找回失落的乡音》，《联合早报》，2002 年 8 月 12 日。

［4］莫美颜：《〈潮州乡讯〉回响——倾注心血与乡情：〈潮州乡讯〉主编吴以湘》，《联合早报》，2002 年 8 月 26 日。

［5］张慧梅：《从〈潮州乡讯〉看新加坡潮人的跨国想象》，《华南研究资料中心通讯》2005 年第 39 期，第 21 - 34 页。

王维新

Heng Jui Sing

(1913—1993)

出生于澄海县外砂乡四十亩村（今属汕头市澄海区凤翔街道坝头镇）的王维新，在家中排行第三。为了自力更生，他在十六岁毅然过番南来新加坡。王维新克勤克俭，在20世纪40年代自创维成渔业（奎笼）于樟宜地区的马打依干（Mata Ikan）村。

王维新虽非殷商巨富，却是一位对地方社会很有贡献的基层领袖。当樟宜区公民咨询委员会成立时，王维新即受委为主席，直至20世纪70年代末，在任内工作表现卓越，十数年来领导公民咨询委员会，为建设樟宜区及改善人民的生活作了许多工作，也为居民与政府之间构筑了一道沟通和互动的桥梁。王维新也被视为当地的"和事佬"，举凡区内有纠纷发生即请他代为调解，而各类纷争俱能在他公正、果敢之判决下迎刃而解。

除了担任樟宜区公民咨询委员会主席外，他也是甘榜巴丹特巴加（Kampong Padang Terbakar）联络所管委会主席及乡东区（Rural – East District）公民咨询委员会委员（十三区联合）。

建于1963年8月的甘榜巴丹特巴加联络所是一所地处偏僻郊区的乡村型联络所，管委会在所内为居民开设了幼儿班、缝纫班，组织篮球队和藤球队，提供进行阅读、下西洋棋、打乒乓球等活动的康乐设施。为了兴建篮球场和藤球场，该联络所管委会在王维新的领导下，发起筹募建设基金，获得邻近陆军部队捐助材料，商家、人民协会的资助和当地居民的支持，个别管委会成员也捐助了建筑经费。

值得一提的是，新加坡建国之初，当华、巫族发生种族骚乱事件时，为了维持樟宜区华、巫族居民之和睦及确保他们的安全，王维新和国会议员沈文武一起火速

到处奔走，召集各族领袖会商，订立维持治安良策。也因此，樟宜区虽为华、巫族居民参半之区域，但在骚乱期间得以安然无事，王维新可谓功不可没。

此外，在和印尼对抗期间，王维新更发动了"救济渔民"工作，使该区渔民在对抗时期实行宵禁下暂得温饱，内阁部长吴庆瑞博士于国会中对这种自发自助的精神加以赞扬。

王维新也是民众学校董事会的董事长。建于樟宜区的民众学校原来的校舍较为简陋，设备亦不甚齐全。为了给乡村学子提供更好的学习环境与设备，一方面王维新和校董们发起筹建钢骨水泥的现代化新校舍。另一方面，为了使居民在闲暇之余有较好的休闲活动，以联络感情及培养互助精神为宗旨，王维新以民众学校为基础，与校董们发起组织新加坡民众体育会并担任名誉会长。

新加坡民众体育会的篮球队在20世纪60年代是一支驰骋球坛、闻名中外的超强球队。每次在樟宜联络所迎战其他挑战队伍时，都吸引了数以百计的邻近居民和爱好篮球的人士前来支持和观赛，场面热闹非常。还有，新加坡民众体育会属下的儒乐组更是炙手可热，曾经多次设计花车参与由人民协会为庆祝新春所举行的常年妆艺大游行，获得各界的好评。

王维新担任民众学校董事长一职多年。直至1980年，因受国家发展计划影响，村民大都搬离迁往组屋区，民众学校也被迫让路，走入历史。

由于王维新长期以来关心公益，凡涉及教育、慈善事业及社会福利，只要财力能及，无不慷慨解囊、大力捐助，并任劳任怨，竭力为当地居民服务，故深得当地居民的爱戴。1965年，王维新获得新加坡首任总统尤索夫阁下颁赐的公共服务星章，以褒奖其对社会工作之贡献。在新加坡建国之初能够获颁此殊荣，王维新及家人，甚至整个樟宜区，都感到无比荣耀及鼓舞。当时樟宜区还连演几天潮州大戏，村民更是设宴庆祝。

1978年以后，王维新卸下该区公民咨询会委员会主席一职，但被推举继续担任名誉主席。虽已退居二线，王维新仍然非常关心该区的发展，积极参与该区的社会建设工作。1986年，王维新荣获长期服务奖状，由当时的副总理王鼎昌先生亲自颁发，以表扬他长期服务社区的精神。

王维新也担任多个华人社团职务。他是澄海会馆发起人之一，历任董事、正组织、副财政等职。他也是华山亭（义山）委员会司理、存善社社长、同德善堂救济股副股长、樟宜小商联谊会名誉会长、太原王氏公会董事等。

王维新长期无私地为社区的建设作出贡献，这种精神，可资其后人效法。

参考文献

［1］许教正：《东南亚人物志》，新加坡：许教正出版，1965 年，第 97 页。

［2］雨晴：《巴丹特巴加联络所管委会主席王维新氏功绩彪炳，对联络所及村民贡献大》，《人协周报》，1967 年 12 月第 1 周。

［3］谢汉俊先生（王维新外孙）所提供的资料。

1965 年新加坡首任总统尤索夫阁下颁赐公共服务星章予王维新

（图片来源：谢汉俊提供）

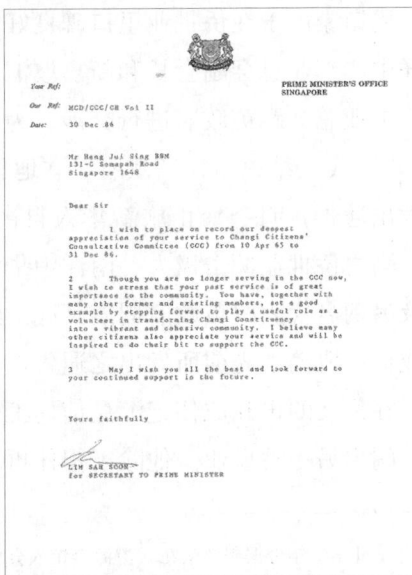

1986 年，总理公署致函嘉奖王维新，因其长期服务社区

（图片来源：谢汉俊提供）

周
镇
豪
Chew Teng How
(1914—1980) [①]

周镇豪生前是新加坡一位著名的跨帮侨领，先后出任新加坡华人及潮人最高代表机构新加坡中华总商会、潮州八邑会馆以及义安公司领导人，曾参与"日本占领时期死难人民纪念碑"的筹建工程，对新加坡华社有重大的贡献。在澄海老乡的眼里，他当年在社会上的名望仅次于其岳父李伟南。

周镇豪出生于澄海县城港口乡（今汕头市澄海区凤翔街道港口社区），小时候在家乡受教育，少壮南来，厕身商界，并在一次偶然的机会下到本地侨领李伟南所经营的再和成伟记汇兑信局任职，凭着其学识和才华以及肯吃苦耐劳的精神，深得李伟南的赏识，随后将女儿许配给他。

周镇豪由于在侨批业里口碑良好，声望极高，广受同行赞誉，先后被推选为南洋中华汇业总会副会长和新嘉坡汇业联谊社名誉社长。他在当年曾经代表南洋中华汇业总会跟英政府进行交涉，为同行争取利益。

"二战"结束后，英政府对本地华人侨批业设下诸多限制，1946 年 10 月中甚至发出通告，明令禁止旅新华人自由汇款予中国之商行及亲属家眷。此禁令对新、马之侨批业冲击极大，南洋中华汇业总会立即召开全体董事会议并公推周镇豪及另两名代表跟英政府周旋到底。经周镇豪等人的据理力争，有关当局终于收回成命，取消了先前所发出之通告。

在岳父的再和成伟记汇兑信局工作一段日子之后，周镇豪也在商场上大展拳脚，闯出另一番事业。他除了担任再和成伟记汇兑信局的总理外，还和亲友合办

[①] 此出生年份据周镇豪在《澄海会馆入会志愿书》所填写之"年龄"推算。然该"年龄"或指华人习俗之"虚岁"，故其确实出生年份有待核实。

了华孚有限公司和集源实业有限公司，独创周氏投资有限公司，经营大米业，垄断一方市场，并进军房地产业，同时担任实力强大的四海通银行董事。

随着事业的发展，周镇豪在社会上的声望日隆，也更积极参与华社活动，以实际行动为社群服务。

周镇豪曾担任新加坡中华总商会副会长、新加坡米入口商总会主席、同济医院副财政、南洋周氏总会副会长及永远名誉会长等多家社团及机构要职。他更是本地潮人社群最高代表机构潮州八邑会馆的会长，以及潮人公产信托机构义安公司的总理，同时兼任义安学院董事。他对于澄海家乡有深厚的感情，当年也曾和一群乡亲们投入澄海会馆的筹组工作，并以发起人身份担任会馆筹备委员会副主席。会馆成立后，他蝉联副会长一职长达六届之久（1966 年至 1971 年），卸任后受聘为会馆名誉会长兼产业信托人，直至 1980 年逝世。

周镇豪在出任中华总商会董事会成员期间（1960 年至 1978 年），多有建树。除了参与商会促进商务活动外，也在其他方面作出重要的贡献。例如，他在任内便担任日本占领时期死难人民遗骸善后委员会主任一职（1965 年至 1967 年），负责日据时期死难者遗骨的发掘与安葬等事宜，亲自参与督建"日本占领时期死难人民纪念碑"，将这些遇难者的遗骨安葬于纪念碑之下。近半个世纪以来，中华总商会每一年都在"二战"纪念日于这座巍峨壮观、耸立于美芝路的纪念碑前举行隆重而严肃的公祭仪式，除了遇难者家属外，许多公私机构皆派代表参加。

1975 年 10 月 21 日，周镇豪（左二）与新加坡中华总商会会长陈共存（右二）代表新加坡中华总商会赴印尼捐献奖学金。图为苏哈托总统与周镇豪握手

（图片来源：《新加坡中华总商会七十五周年纪念特刊》，第 185 页）

1973 年，周镇豪被推选为中华总商会副会长，并于同年 9 月以新加坡中华总商会访问团副团长的身份与团长陈共存一同率领二十八名企业界代表，前往菲律宾进行商业考察。此外，当中华总商会在 1975 年通过议案捐献 3 200 万印尼盾资助有意出国深造的印尼学生后，该年 10 月，时任中华总商会副会长的周镇豪再次陪同会长陈共存，代表中华总商会赴印尼将这笔奖学金呈交给印尼政府，并获得时任印尼总统苏哈托的接见。

1978 年，周镇豪虽然任满卸下中华总商会副会长一职，但仍然出任中华总商会产业管理委员会委员，继续为中华总商会和华社服务。

周镇豪在事业上成功地建立了一个多元领域的区域商业网络，而他跨越帮群的藩篱，热心于社会公益的贡献，也赢得各界人士与政府的肯定。1963 年，周镇豪获新加坡元首颁授公共服务星章，1965 年又获泰皇颁赐勋章。

参考文献

[1]《外汇新法令，吾侨汇兑界派代表请当局展延施行》，《中南日报》，1946 年 10 月 23 日。

[2] 周镇豪等：《南洋中华汇业总会年刊（第一集）》，新加坡：南洋中华汇业总会，1947 年，第 26 – 30 页。

[3] 沈时霖：《新嘉坡汇业联谊社年刊（第二期）》，新加坡：新嘉坡汇业联谊社，1949 年，第 20 页。

[4]《澄海会馆入会志愿书（周镇豪）》，1965 年 10 月 24 日。

[5] 潘醒农：《新加坡潮州八邑会馆金禧纪念刊》，新加坡：新加坡潮州八邑会馆，1980 年，第 39 页。

[6]《周镇豪先生讣闻》，《星洲日报》、《南洋商报》、*The Straits Times*，1980 年 3 月 29 日。

[7]《义安公司通告》，《星洲日报》，1980 年 4 月 25 日。

[8]《新加坡中华总商会七十五周年纪念特刊》，新加坡：新加坡中华总商会，1981 年，第 147、185 页。

[9] 柯木林主编：《新华历史人物列传》，新加坡：教育出版私营有限公司，1995 年，第 142 页。

[10] 陈澄子：《义安公司——跨入另一个千禧年》，新加坡：义安公司，2005 年，第 58 页。

[11] 李志贤：《乘风破浪——新加坡澄海会馆四十周年纪念，1905—2005》，新加坡：新加坡澄海会馆，2005 年，第 14、26 页。

[12] 林清如：《为了那消逝的记忆——从死难人民纪念碑列为国家古迹谈起》，《怡和世纪》2013 年第 20 期，第 4 – 7 页。

翁克德

Eng Keok Teck

(1914—1982)①

　　翁克德是新加坡澄海会馆发起人之一，也是澄海会馆创会筹备委员会成员之一，且自 1968 年至 1972 年担任多届的会长，对会馆和乡亲贡献良多。

　　翁克德出生于澄海岐山乡大路里（今汕头市金平区岐山街道），少年时在家乡念书，十八岁决定南渡谋生。刚到新加坡的时候，翁克德在树胶行业打工，数年后决定出来闯一番事业，遂倾历年勤俭蓄积余资，独力创建树胶烟房业，经过数年，再次扩充，以旧有烟房基础，发展成为当年规模宏大之翁克德树胶厂（Eng Keok Teck Rubber Factory）。随后他也在马来亚槟城创立中发有限公司，经营树胶装配业务。1960 年又创马来西亚铝业有限公司。这一切都是翁克德一生致力工商业之辉煌成果。

　　事业有成的翁克德，深信做生意人应该"取诸社会，还诸社会"，故举凡社会公益教育慈善事业，莫不出钱出力，热心赞助，同时也积极支持和参与宗乡社团之活动，为乡亲谋取福利。澄海会馆在他的领导之下，会务顺利发展，尤其是澄海会馆购置会所一事，翁克德可说是一位关键人物。澄海会馆成立初年，理事会鉴于原有租赁会址地方狭小，有碍日后会务之发展而曾经发起筹建新会所，并开始筹募基金。翁克德接任会长之后，在他积极的推动下，会馆于 1968 年 9 月举行第三届委员会暨筹募会所基金委员会委员联席会议，经过委员们的审慎讨论，最终购置沐烈路（今布莱路，Blair Road）7 号至 9 号两层楼屋宇两间，作为

---

　　① 翁克德之确实出生年份至今无法从文献上核实。*Chinese Chamber by – election*（*The Straits Times*，1982－02－08）报道翁克德六十八岁逝世，本篇以之为据推算其出生年份。中文报章刊登之讣告谓其享年七十一岁，但该"享年"或指"积闰"，即据华人葬丧习俗为逝者添加若干岁，不一定准确。

新会所之用，购价为九万八千元。自此澄海会馆总算落实了自置会所之计划。

翁克德除了担任澄海会馆会长之外，还兼任过十余社团的重要职务。他历任新加坡中华总商会董事（1973 年至 1982 年）、新嘉坡树胶装配商公会副主席、新嘉坡树胶公会董事兼总务、潮州八邑会馆董事、新加坡翁氏总会副主席、新嘉坡中医师公会主办中华医院名誉院长、同济医院院务委员、同德善堂名誉总理、淡滨尼区公民咨询委员会主席、新民中学校名誉总理、淡滨尼新民小学董事、余娱儒乐社名誉社长、陶融儒乐社名誉社长、醉花林俱乐部董事、卿云阁名誉总理等职，可见翁克德深为各界人士所倚重，并为本地华社作出许多贡献。

值得一提的是，翁克德的母亲去世的时候，恰逢新加坡和印度尼西亚对抗之际，翁克德因此决定节约丧费，以便捐助国防基金。1965 年 7 月 27 日《南洋商报》报章新闻如是报道："星马胶界巨子翁克德树胶厂主人翁克德先生因国难当头，对令堂仙逝之丧事，不愿大事铺张，而特尽量节约，移款捐作国防基金及本州慈善机关，以增强我国对抗印尼侵略者力量，及济惠贫苦人士，以尽效忠国家爱护同胞之天职。翁君节省丧费，移捐之项目，计开：国防基金二千元、同济医院二千元、中医师公会主办中华医院，第一分院二千元、普救善堂二千元。"

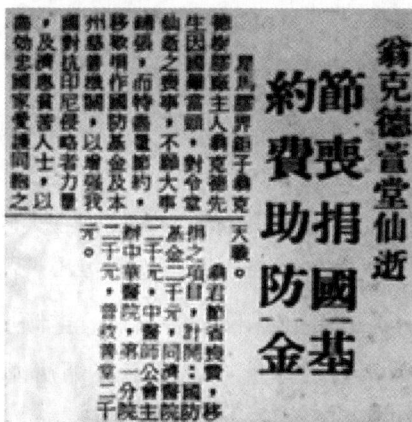

（图片来源：《南洋商报》，1965 年 7 月 27 日）

参考文献

［1］《翁克德令萱堂逝世亲友纷将赙仪移购同济医院礼券》，《南洋商报》，1965 年 7 月 22 日。

［2］《翁克德萱堂仙逝节约丧费捐助国防基金》，《南洋商报》，1965 年 7 月 27 日。

［3］许教正：《东南亚人物志（第三集）》，新加坡：许教正出版，1969 年，第 310 页。

［4］《淡宾尼士区七间联络所管委联合会主办嘉年华会纪念特刊》，新加坡，淡宾尼士区七间联络所管委联合会，1969 年，第 9 页。

［5］《翁克德先生讣闻》，《星洲日报》，1982 年 1 月 9 日。

［6］"Chinese Chamber by－election"，*The Straits Times*，1982 年 2 月 8 日。

［9］李志贤：《乘风破浪——新加坡澄海会馆四十周年纪念，1965—2005》，新加坡：新加坡澄海会馆，2005 年，第 28 页。

杨如山

Yeo Joo Suah
(1915—2004)①

俗语说："十年树木，百年树人。"受儒家思想的熏陶，海外潮人重视教育的观念根深蒂固，他们相信教育乃立国之本，民族之根，其对社会的繁荣、国家的进步与强盛起着决定性的作用。因此，规模较大的潮人社团积极创办学校让子弟接受教育，其他许多宗乡会馆也奖励成绩优越的学生，资助家境清贫的子弟，为培育英才、造福社会尽一份绵力。秉持着同样的信念，新加坡澄海会馆自1976年起即推行奖助学金计划，而这项计划的主要推动者正是会馆第四任会长杨如山。

杨如山的祖籍是澄海城外埔乡（今汕头市澄海区凤翔街道外埔社区），为新加坡老字号光德栈成记布庄东主，可说是本地布匹批发业的前辈人物。历史悠久的光德栈成记乃1927年由杨如山的父亲所创办，公司原先设于俗称十八间后的沙球劳路，当年除了代收潮州、诏安各地汇兑银信，亦兼营上海、香港以及欧洲等地的布匹与杂货，故公司最初名为光德栈成记批局绸庄。

杨如山于"二战"后初年接手父亲的生意，并决定改变营业方针。1948年以后，中国国内局势动荡不安，货币急速贬值，民信局生意大受影响，本地有许多民信局因而关闭，新加坡民信业开始萎缩。

1949年，鉴于中国政治局势的变化和商业环境的不利状况，杨如山当机立断，毅然停止接收侨批，以便专注于布匹的批发零售和其他业务。由于杨如山经营有方，公司生意蒸蒸日上，光德栈成记仅用了一代人的时间便发展成本地布匹

---

① 此出生年份据杨如山在《澄海会馆入会志愿书》所填写之"年龄"推算。然该"年龄"或指华人习俗之"虚岁"，故其确实出生年份有待核实。

及纪念礼品批发业之佼佼者。

和其他侨领一样，杨如山事业有成之后，也投入社团活动，积极参与公益事业，回馈社会。他先后出任潮州八邑会馆名誉董事、杨氏总会荣誉会长、新加坡潮州弘农杨氏公会永远名誉会长、新加坡布行商务局名誉主席以及新加坡布业中心（Textile Centre）商联会名誉会长等多家社团要职。在澄海乡亲和澄海会馆众理事的支持下，他在1973年被推举为澄海会馆会长。

杨如山接任澄海会馆会长一职后，首要工作便是发起设立奖助学基金，旨在培育优秀的下一代，同时也为了不让寒门子弟因经济困难而辍学。在他的带领和全体同仁的努力下，当年共筹得四万多元的教育基金。从1976年开始，澄海会馆每年都帮助品学兼优的澄邑在籍学生申请奖学金，家境清寒之同乡子弟则可申请助学金。奖助学金分小学、中学、高中以及大专四个组别。自开始颁发以来，每一年获颁奖助学金的乡亲子女都在二十至三十名之间，金额多达数千元。而当中许多早年获奖的学生如今已经毕业，在各领域工作，并开始回馈社群。

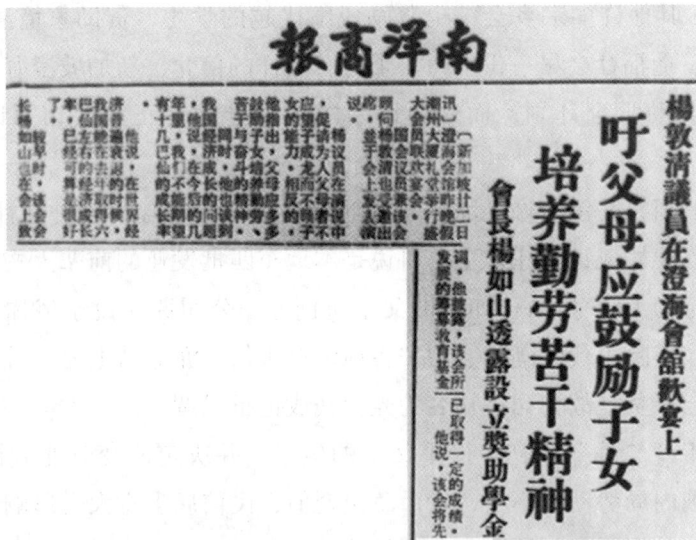

（图片来源：《南洋商报》，1976年11月23日）

由于杨如山领导有方，深获会馆同仁的支持，故其蝉联会长一职长达七届之久，直至1980年才卸任，由王源河接任。卸任后，杨如山被众理事推举担任名誉会长。

杨如山于2004年6月11日逝世。

参考文献

［1］周镇豪等：《南洋中华汇业总会年刊（第一集）》，新加坡：南洋中华汇业总会，1947年，第6、100页。

［2］《澄海会馆入会志愿书（杨如山）》，1965年10月4日。

［3］《杨敦清议员在澄海会馆欢宴上吁父母应鼓励子女培养勤劳苦干精神 会长杨如山透露设立奖助学金》，《南洋商报》，1976年11月23日。

［4］新加坡布行商务局八十五周年纪念特刊编委会：《新加坡布行商务局庆祝成立八十五周年纪念特刊》，新加坡：新加坡布行商务局，1994年，第97页。

［5］邹金盛：《潮帮批信局》，香港：艺苑出版社，2001年，第354页。

［6］《新加坡潮州八邑会馆第三十七届董事会职员通讯录（2003年至2004年）》，新加坡：新加坡潮州八邑会馆，2003年，第46页。

［7］《杨如山先生讣闻》，《联合早报》，2004年6月13日。

［8］李志贤：《乘风破浪——新加坡澄海会馆四十周年纪念，1965—2005》，新加坡：新加坡澄海会馆，2005年，第33页。

杨
如
山

黄 寿 松
Ng Siew Song
(1918—2009)

　　1918 年出生于新加坡的黄寿松是本地著名侨领黄仙舟的儿子，兄弟八人中他排行第六。黄家在祖籍地澄海东湖乡（今汕头市澄海区凤翔街道东湖社区）是有名的书香人家，祖父虽然从商，但自学成才，文采不凡，父亲黄仙舟则为清末廪生（相当于今日的新加坡政府奖学金得主），虽因南渡接管父亲在新加坡的生意而未及考取秀才，但仍以诗文书画闻名，是新加坡早期少数名副其实的儒商，也是端蒙学校的创办人之一（详见本书黄仙舟传略）。黄寿松幼承庭训，自童年便开始习字，深受家风熏陶，擅长楷书及行书，是新加坡知名的书法家。

　　黄寿松七岁回乡，后曾就读于当时的澄海县国学研究所，毕业后又师从同乡名儒蔡方舟，专修国学，奠下深厚的根基。三十岁时，他应聘南来工作，再次回到新加坡，自此在本地定居下来。黄寿松自诩"半闲居士"，意味自己追求一种"偷得浮生半日闲"的简朴生活。他在工余时间除了品茗读书之外，就是写字，数十年从不间断。因为为人低调，虽然自年轻时在书法方面便有很深造诣，但等到 1971 年以一幅楷书《正气歌》荣获新加坡青年协会主办的全国美术书法比赛第一名时才开始闻名，当时的黄寿松已经年过半百。

　　晚年的黄寿松多以大楷书写和创作，并坚持用人磨出来的墨汁创作，而不用各种现成的灌装墨汁，因为用研磨出来的墨汁写出来的字比用现成墨汁写的字更雄浑方圆，显得更大方。他不认同表演式的书法创作，认为书法家必须做到看、读、写，以及与书家互相交流。他本身就收集了近三百种各地书法家的各体书法专辑。

　　2000 年 6 月，八十三岁高龄的黄寿松在新加坡书法中心首次举办个人书法展，尽管之前他的作品曾多次参与新加坡国庆日美展、博物院年展、新加坡书法家协会年展及其他义展。配合这次个人书法展，新加坡书法家协会还为他出版

《黄寿松书画集》，将其毕生力作结集成册。2015 年 1 月，中峇鲁艺术中心（Tiong Bahru Art Centre）在中华总商会举办"薪火相传"书画展以庆祝新加坡建国金禧，所展出的书画作品中也有黄寿松的遗作。他的作品也曾在马来西亚、中国以及韩国、日本等地展出，其中许多幅佳作被选编入各种书画集刊中。他的墨宝也成了国内外许多书画爱好者和文博机构所收藏的对象，例如，当时的新加坡国家博物馆、南洋大学李光前文物馆、南洋黄氏总会、马来西亚霹雳洞文物馆等。尤为难得的是，在 20 世纪 80 年代末，他的作品先后被中国河南省翰园碑林和云南省曲靖市书画碑林镌刻于碑石上，展存于陈列馆中。

黄寿松于 2009 年逝世，享年九十一岁。他生前积极支持新加坡书法界的活动，曾担任新加坡书法家协会评议委员会高级评议员，历任该协会主办的全国书法比赛及挥春比赛的评选员，同时也是中华美术研究会及华翰研究会的财政和中文秘书、更生美术会名誉理事。他也受邀出任南洋黄氏总会名誉主席、潮州江夏堂名誉主席。

参考文献

［1］《黄寿松先生简介》，载《澄海会馆银禧纪念特刊》，新加坡：新加坡澄海会馆，1990 年，第 147 页。

［2］吴启基：《八十三岁书法家黄寿松首次举办作品展》，《联合早报》，2000 年 6 月 10 日。

［3］黄吉生、陈声桂、余佩玲、陈志文：《黄寿松书法集》，新加坡：新加坡书法家协会，2000 年，第 3 - 5 页。

［4］李志贤：《黄吉生先生访谈笔录》，2015 年 9 月 20 日，黄吉生先生寓所。黄吉生为黄寿松之公子。

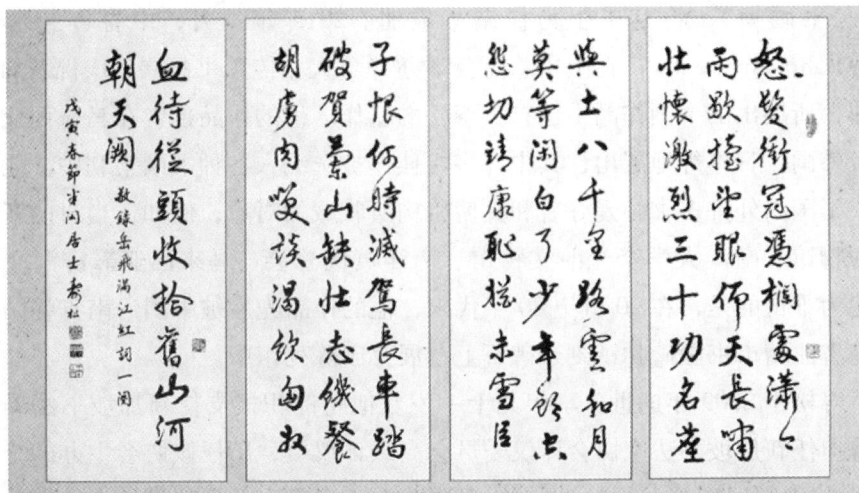

四屏行书，录岳飞《满江红》词

（图片来源：《黄寿松书法集》，第 60 页）

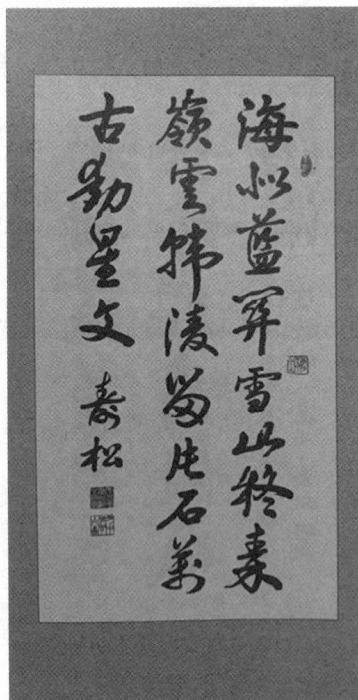

中堂行书

（图片来源：《黄寿松书法集》，第 17 页）

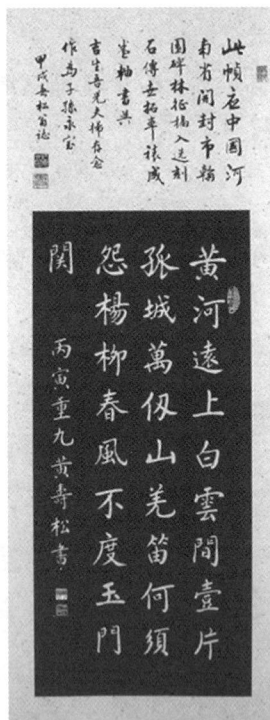

楷书条幅，翰园碑林刻石托本诗轴

（图片来源：《黄寿松书法集》，第 44 页）

陈
松
锐

Tan Song Jui / Chen Songrui
(1918—2010)

　　陈松锐，号退翁，侨领陈肯构长子，1918年生于澄海隆都镇前美乡前溪村（今属汕头市澄海区隆都镇前美村）。幼年随父渡海，先后就读于新加坡岭南分校小学以及华侨中学。陈松锐中学毕业后即投身商界，在其父掌管的陈元利行工作。他从谷米进出口业的基本职位"探行情"出发，掌握稻米品种、价格和市场供求的基本功，继而负责公司内部的财政事务，从外柜到内柜，调控公司内、外的人事和金融出纳。陈松锐在"二战"前，经常往返新加坡、曼谷、中国香港和汕头各埠，在陈元利行和香、叻（新加坡）、暹、汕的联号之间学习跨国贸易的要髓。

　　1945年及1947年，自战前以来一直掌管陈元利行业务的陈肯构和陈立植相继辞世。新加坡也面临战后社会重组、经济动荡的困难时刻。陈元利行的主力业务粮食和航运事业也面对着国内和国际的困局。陈松锐在这个内外艰难的年代，接受在曼谷的本家的委托，带领陈元利行迎接新时代的挑战。他是1940年正式注册为有限公司的陈元利行的五名执行董事之一，也是唯一在新加坡主理业务的董事。陈松锐同时继承其父合股的五荣行，从事谷米头盘生意。在他的领导下，陈元利行在战后至新加坡建国以前，成为新加坡最重要的谷米进出口商，为缺粮的本地民众解决不少生计问题。陈元利行代理的多利顺海利号轮船等在战后至中华人民共和国成立的初年，担负起运送华侨归国、运送粮食到华南沿海和香港各地，以及把中国香港和汕头的来货运到新加坡的业务。在陈松锐掌管公司的20世纪60年代，陈元利行也开始转型：除了维持暹叻郊外，逐渐从主要从事跨国谷米、运输贸易转而着力本土经济发展。

　　在战后继其父掌管陈元利行以及五荣行的期间，陈松锐以店号头家的身份，成为商业行会的执行委员会成员。如，1952 年他以五荣行代表的身份成为糠米商公所正财政，以陈元利行代表，先后为米入口商总会候补执委、查账等。陈松锐秉承父风，积极参与社区组织和慈善活动。如，在二十世纪五六十年代先后为纽顿捷兴社名誉社长，1963 年为保龙寺副主席，1961 年以公司名义响应新加坡中华总商会的号召，捐赠大米交与福利协会施赈等。

"一战"后，东亚诸国人民提倡体育救国。青年的陈松锐活跃于体育界，不仅身体力行，而且捐资赞助。诸如 1934 年的岭东体育会，1939 年与沈志润、黄树浩、陈统仪等组的潮州篮球队等，他皆为中坚成员。在 1946 年创立至 20 世纪 50 年代中期活跃于新加坡篮球界的鮀光体育会为潮侨团体战后最早成立的体育团体，陈松锐先后连任该会正副会长，积极扶持该团体的工作。1950 年因其对体育的贡献，获聘星华运动会名誉会长。陈松锐不仅支持体坛，20 世纪 60 年代，卸下商业的重担后，仍然积极支持本地的艺术潮剧等文化事业。

1950 年 3 月，鮀光体育会出版的刊物《鮀光》，由陈松锐撰写发刊词

（图片来源：退一步斋提供）

2010 年，陈松锐以近百高龄仙游。其九子七女并满堂孙、曾孙，多活跃于新加坡。

（本篇由香港中文大学蔡志祥教授供稿）

参考文献

［1］鮀光体育会特刊编辑委员会：《鮀光》，新加坡：星洲鮀光体育会，1950 年。

［2］《糠米商公局　新职员就职》，《南洋商报》，1958 年 1 月 8 日。

［3］《社团改选——米入口商总会》，《南洋商报》，1958 年 12 月 21 日。

［4］《米入口商公会新职员选出》，《南洋商报》，1961 年 12 月 24 日。

陈松锐

王君实
Wang Junshi
（1919—1942）

　　王君实原名王惠风，出生于澄海外砂镇东溪村（今属汕头市龙湖区外砂镇东溪村），自小接受良好的教育和文化熏陶，小学时就开始写作，在上海一些少年文艺报刊发表了一些文学作品，就读中学时还和友人一起成立今日文艺社，将作品投到曼谷和越南的华人报章。当时的王君实，就以文章敢于批评时弊，富有现实意义和时代精神而在文坛上崭露头角。

　　王君实曾于1936年肄业于广州中山大学，1937年日本侵华后，他远渡南洋，先后在柔佛、苏门答腊等地教书，1941年出任《星洲日报》记者。在这段时间，他活跃于新马文坛，为《星洲日报》《南洋商报》《今日文学》《南洋周刊》《新国民文学》等报刊撰稿。他用过的笔名有王修慧、王乐怡、蓝田玉、白登道、横光、陈清浓、茱丽叶等，是当时新马文坛著名的爱国作家。他才思敏捷，文笔优美，作品多元化，不仅有小说、散文、诗歌等，还有文学论文，作品字数不下一百万字。除了一些自述个人在外孤独凄寂的生活的作品外，其创作更多的是歌颂为保祖国而奋战的可歌可泣的英雄事迹，以及揭露当时中国社会的黑暗和人民的贫困生活。年轻的王君实逐渐成长为一个追求光明、追求民族独立的文艺战士，是当时新马文坛的佼佼者。在《王君实选集》中，编者评曰："其实王君实表面上的冷峻正衬托着他内心强烈的爱憎，他斗志昂扬，热情澎湃，他爱国家，爱民族，爱光明有甚于爱自己。"除了爱好文艺创作外，王君实也热爱打乒乓球。1934年，当他在汕头市四中读书时，就组织了一支"征鸿乒乓球队"，远征曼谷，当时汕头和曼谷两地的报章都作了特别报道，这成为当时潮汕体坛的一桩盛事。王君实到了新加坡后，因久仰当时夺得新马地区乒乓球比赛冠军的乒乓名将卢金顺，于是前往拜师求教。

1942年秒，日军侵占新马，王君实组织了一支抗日救亡的宣传队伍——潮青抗日会，积极参与抗日活动。1942年2月18日，日本占领军在新加坡进行检证，搜捕抗日分子。王君实躲藏在一个老同学的书店，日本宪兵收到情报，对该楼全面搜查，但因王君实被藏在空墙壁里，未被搜出。日军限令店主三天之内必须交出王君实，否则焚毁全店。为了不连累店主，3月2日清晨，年仅二十三岁的王君实留下《王君实绝命书》，毅然从四楼跳下自尽，结束了自己短暂而光辉的一生。

王君实在新加坡生活的时间虽然不长，但对新加坡的报界与文坛，尤其是青年知识分子产生重大影响，其爱国精神与"士可杀不可辱"的民族气节深受后人的景仰。1979年，著名马华文学作家方修、叶冠复等人，收集王君实遗作并编辑了《王君实选集》，由新加坡万里书局出版发行，以资纪念，而王君实在祖籍国的祖屋也被修建为王君实纪念馆，以供后人凭吊。

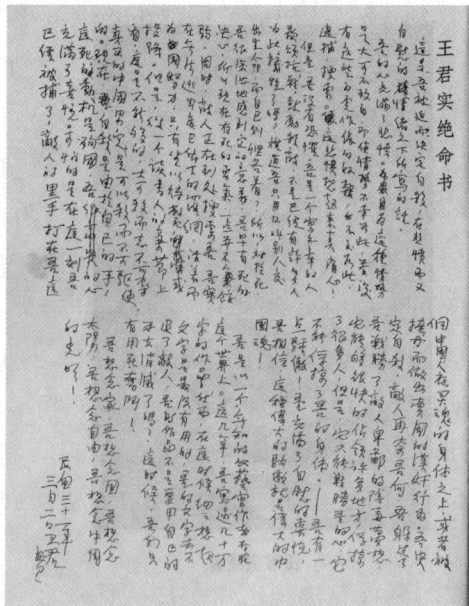

《王君实绝命书》手稿

(图片来源：方修、叶冠复：《王君实选集》)

参考文献

[1]《序一》，载方修、叶冠复：《王君实选集》，新加坡：万里书局，1979年，第7页。

[2] 潮学网，http：//www.chxwang.net/bbs/forum.php? mod = viewthread& tid = 3083。

秦 牧
Qin Mu
（1919—1992）

　　秦牧原名林阿书，乳名阿书，又名林派光、林觉夫、林顽石。出生于香港，三岁时随父移居新加坡，祖籍为澄海县东里镇观一村。父亲林运三，原在澄海当裁缝师傅，后到泰国、马来亚、新加坡等地谋生，当过米郊经理。1931年，父亲所任职的米行倒闭，家庭生计顿时陷入困境，秦牧随父母经香港回到故乡后，家里经常需要靠典当物品过日子。

　　秦牧童年时随父亲在新加坡生活，曾经就读于新加坡端蒙学校，十二岁回到故乡后，相继在樟林萃英学校、汕头一中继续求学。1936年，秦牧到香港的华南中学升学，第二年转到华侨中学念高三。就在这段时间，他开始对现代文学产生浓厚的兴趣，阅读了鲁迅、冰心、叶圣陶、茅盾、巴金、艾思奇等著名作家的作品。因为受到这些作品的影响，年轻的秦牧充满了激进的民主主义思想和强烈的爱国主义精神，这与他日后弃学参加抗战救亡活动和加入中国共产党不无关系。秦牧在香港求学期间，已经积极参与文坛活动，以"林顽石"为笔名，在报刊上发表文章。他还曾将印度圣雄甘地的秘书在香港发表公开演讲的讲稿整理后发表在报刊上。

　　1938年春，十九岁的秦牧弃学到广州参加抗日救亡宣传活动，先后在国民党中央党校四分校属下的前锋剧社、广东战时工作队、西江教育团政训处和《中山日报》社等处工作，并辗转于粤桂两省。

　　1941年，他曾在桂林的立达中学和中山中学教书，抗战胜利后，先后到上海、重庆等地任《中华论坛》《再生》《中国工人》等杂志的编辑。他在《中山日报》复刊后担任副刊编辑时开始用"秦牧"这个笔名发表文章。有人指出，"秦牧"有"打倒暴秦的苛政后，在关中逍遥快活放牧"之寓意。这是后人附会

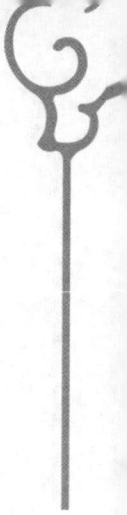

之词，还是秦牧的原意，已不得而知。但从秦牧的许多作品中，倒可以看到他善于用幽默的语言、轻松活泼的笔调一针见血地揭露当时社会的黑暗现象，针砭时弊是其文章明显的特色。

中华人民共和国成立后，秦牧历任广东省文教厅科长、《广东教育与文化》主编、中华书局广州编辑室主任、中国作家协会广州分会副主席、《羊城晚报》副总编辑。他也曾担任广东省文联副主席、暨南大学中文系主任、历届广东省人民代表大会代表等职。秦牧还曾率中国作家代表团到各国访问。

"文化大革命"期间，秦牧也和许多文人一样被下放劳改。1972 年，秦牧才获准重新回到文坛工作，重执笔杆，并定下一年一书的写作计划。他主要的著作有《花城》《潮汐和船》《黄金海岸》《艺海拾贝》等四十余部，包括散文、小说、童话、戏剧、诗歌、文艺理论等各类体裁，被誉为"一棵繁花树"；而他作品中那种轻松风趣自然随意地寓感情与哲理于谈天说地之间的突出风格，用散文随笔来写文艺评论，探索文学作品的艺术技巧和表现手法，独树一帜，蜚声中外，被文坛尊为散文大师。秦牧所撰写的数百篇散文被结集编成十大卷的《秦牧全集》，其中许多文章在新加坡和中国内地、香港、澳门被选编为高等学府和中学的教材，其中一篇小说《黄金海岸》还在香港被拍成电影，足见其作品在文坛上的影响力。

值得一提的是，秦牧一生中居住在新加坡的时间虽然相对较短，但他对于这片童年生活的故地有着深刻的印象与感情。他在《故里的红头船》一文中对新加坡河作了这样的描述："熙熙攘攘的新加坡河上，除了这些热闹的劳动场面以外，还有一个奇特的景观，吸引了我这个异邦少年的注意。那就是有一种船，船头漆成红色，并且画上两颗圆圆的大眼睛。木船本来就有点像浮出水面的鱼，画上这么一对眼睛，鱼的形象，就更加突出了。听长辈们说，这叫做红头船。当年海上没有轮船或者轮船很少的时候，粤东的居民，就是乘坐这种红头船出洋，来到新加坡和东南亚各国的。20 世纪 30 年代的红头船，倒不一定仍然经常来往于祖国和新加坡之间，那大抵是当地居民'仿古法制'，借以纪念先人，也用来驳运东西的一种产物。"1985 年 1 月，秦牧应邀回到新加坡担任国际华文文艺营的评审委员，期间争取回到母校端蒙中学（当年端蒙学堂）参观，他对母校的培育之恩念念不忘。他离开前还赠予母校一首诗：名校端蒙，曾启我聪，五十年来，常萦魂梦；重临旧地，情思如涌，忝为校友，致一鞠躬。

1992 年 10 月 14 日，秦牧病逝于广州寓所书房。汕头市政府在他逝世后将其家乡故居列为文物保护单位，并建成秦牧纪念馆。

秦牧

端蒙校友作家秦牧
重返母校感恩赋诗

念念不忘母校培育之恩，中国作家秦牧临别前，为端蒙中学留下了这首诗：

"名校端蒙，曾启我聪，五十年来，常萦魂梦；重临旧地，情恩如涌，忝为校友，致一鞠躬。"

这位66岁的著名散文家，曾在端蒙学堂（端蒙中学的前身）渡过4年的岁月，他这一次是受邀到我国参加第二届国际华文文艺营，并担任金狮奖评审委员。

秦牧前天回母校参观，看到面貌一新的母校，不禁感叹地说，母校现在的设备的确太好了！

他和其他3位中国作家萧乾、文洁若和姚雪垠，已在今早飞往香港，并将在港逗留10天后，飞返国土。

《午夜花市》作者秦牧

在新加坡长大的中国作家

（二图图片来源：《联合早报》，1985年1月10日）

参考文献

[1] 李志贤：《乘风破浪——新加坡澄海会馆四十周年纪念，1965—2005》，新加坡：澄海会馆，2005年，第101页。

[2] 汕头市澄海区地方志编纂委员会：《澄海市志》，北京：方志出版社，2012年，第849–850页。

[3] 澄海人民政府网站，http://www.gdchenghai.gov.cn。

张锦茂

Teo Kim Mong

(1918—1994)[①]

　　由于地缘政治因素，新加坡和中国迟至 1990 年才建立起正式的外交关系，不过早在 20 世纪 70 年代末，一个隶属新加坡人民协会（新加坡政府法定机构）的公民咨询委员会（Citizens' Consultative Committee）代表团破天荒地到中国进行友好访问，为日后两国正式建交铺平道路以及奠下基础，而担任该访问团的中文秘书正是新加坡本地澄邑先贤及社区领袖张锦茂。

　　张锦茂，又名张修文，祖籍澄海樟林塘西村（今属汕头市澄海区东里镇塘西村）。1918 年出生于新加坡，五岁时陪同双亲返回故乡，先后就读于樟林广智小学、汕头大中中学、韩师等学校，毕业后曾在樟林树础学校以及十五乡隆城报本学校当过教员。生活在中国期间，他亦当过国民党军官陈汉英的秘书，后因政见不同而离开。

　　1948 年，张锦茂回到出生地新加坡，初时在不同的领域从事各种工作，随后决定到建筑业寻求发展，曾任两成兴建筑公司股东经理以及伟基建筑私人有限公司董事等职务，是一名成功的建筑商人。商余之暇，张锦茂积极参与社区的建设工作，是一名非常活跃的基层领袖。

　　也许是因为亲眼看见二十世纪五六十年代新加坡社会的不安和政治动荡，加之深深认同人民行动党的治国理念，拥有强烈的社会责任感和时代使命感的张锦茂在 1960 年决定加入执政的人民行动党，长期在该党巴耶利峇区支部 [Paya Le-

---

[①]　此出生年份据张锦茂在《澄海会馆入会志愿书》所填写之年龄推算。然该年龄或指华人习俗之"虚岁"，故其确实出生年份有待核实。又据林瑞平《探访潮汕著名侨乡·樟林塘西》一书，其出生年亦作 1918 年。

bar Branch，前称盒巴实龙岗支部（Upper Serangoon Branch）〕参与基层政治工作，且先后出任该支部秘书、支部主席等重要职位。该区国会议员谢嘉惠（曾任新加坡卫生部次长及劳工部政务部长）出国访问时，张锦茂曾多次代表他接见该区民众，处理民疾，可见党中央对其之信任与器重。鉴于其对行动党所作出之贡献，张锦茂于 1990 年 2 月获得党中央颁发的表扬奖章，同年 5 月又荣获长期服务奖。

(图片来源：《联合早报》，1990 年 5 月 8 日)

新加坡于 1965 年建国后，政府为加强与民众的联系，纷纷在各个选区成立了公民咨询委员会，长期在巴耶利峇区服务的张锦茂受委为该区公民咨询委员会理事成员，曾担任过这个社区基层组织的秘书和主席等重要职位，卸任后仍受聘为名誉主席。1977 年 7 月，新加坡政府决定委派一个由各区基层领袖所组成的代表团到中国进行亲善访问时，张锦茂受委为访问团的中文秘书，与中国有关方面建立了密切的联系，处理了此次访问的许多重要工作，亦为促进两国人民的友好关系以及为两国日后建交作出了一定的贡献。

除了政党和基层工作以外，张锦茂也积极参与华社的活动，生前历任澄海会馆、樟林旅外同乡会、联侨俱乐部、普救善堂、后港南商联会、后港德士同业互助会、朋友社、卿云阁、德福工业区厂商公会等多家社团要职，并捐资出力，为华社作出不小贡献。新加坡政府特于 1988 年颁赐公共服务星章（勋条）予张锦茂，此乃当局为表扬社区服务者所颁发之最高荣衔。

鲜为人知的是，张锦茂也是一名业余写作人，笔名张涛，一生喜爱诗文，也撰写了不少文章，可惜的是这些文章没有结集成书。人们只能看到他附于若干照片和其他文件上的一些诗文，但从中已足以窥见其深厚的古文根底。

张锦茂于 1994 年 5 月 16 日逝世。居丧期间，部长、国会议员、政府官员、社会贤达，以及新加坡人民行动党、学府、商联会、基层组织、宗乡社团代表近千人亲临吊唁，花圈挽联布满治丧场所，极尽荣哀，这未尝不是张锦茂生前所具有的社会名望和人脉网络的反映。

参考文献

[1]《澄海会馆入会志愿书（张锦茂）》，1965 年 8 月 29 日。

[2]《谢部长出国　张锦茂代表接见民众》，《南洋商报》，1975 年 10 月 27 日。

[3]《711 人士荣获总统赐封》，《联合晚报》，1988 年 8 月 9 日。

[4]《行动党东区长期服务奖颁奖礼，吴作栋赞积极党员贡献大》，《联合早报》，1990 年 5 月 8 日。

[5]《爱老敬老的老人》，《联合早报》，1993 年 1 月 18 日。

[6]《张锦茂先生讣闻》，《联合早报》，1994 年 5 月 18 日。

[7] 各机构及社团挽词，《联合早报》，1994 年 5 月 18 日、19 日。

[8] 林瑞平：《探访潮汕著名侨乡·樟林塘西》，香港：天马出版有限公司，2007 年，第 93 – 94 页。

陈
立
健

Tan Lip Kiang

（1920—2009）

　　出生于澄海县上蓬区外砂乡（今属汕头市龙湖区外砂镇）的陈立健，是中医世家"万春堂"的第十四代后裔。其先祖陈子才医术精湛，于清乾隆年间由澄海县下蓬区鸥汀乡迁居至上蓬区外砂乡，并创立万春堂，世代相传，享誉潮州。祖父陈其昌以辨证医治"内毒恶病"（即恶性肿瘤）闻名，清廷诰封太医院院使、五品奉政大夫。父亲陈文波为清末附生，曾在岭东商业学校深造，后为承家传，遵父嘱弃学从医，曾受聘为澄海县立学校校医、澄海县医事人员甄考委员会委员等职位。陈文波还是著名的书法家，擅长指书。陈立健幼承庭训，自小就接受万春堂长辈的培养，年少时经常跟随父亲诊症，濡染日深，中学毕业之后便常在家传的万春堂药店学习中医学理，整理药材和凭方配药，二十岁时在家乡教书时已经开始助诊，数年便能独立诊病，成为万春堂出色的传人。

　　1948年，二十八岁的陈立健南渡新加坡行医，1952年，受邀加入中医师公会，翌年被推举为公会总务，参与了中华医院（前身为中华施诊所）的筹办工作。1963年至1965年蝉联三届中医师公会会长，后来出任中华医院院长及产业信托人，先后在中华医院担任义务医师十数年。中医师公会成立中医学院后，陈立健亲自到学院指导学生，并出任函授班主任。在20世纪50年代，陈立健是本地最先采用提炼药的中医师之一，他以开药方的形式配用提炼药剂，令药剂达到和煎煮草药一样的功效方便病患服用。

　　除了到中医学院义诊和教学之外，陈立健也创立了自己的中医诊所立健中医药行，数十年来，凭精深的医术与丰富的临床经验，医治过不计其数的病人。更难得的是，这位享负盛名的中医师一直坚守悬壶济世的医德操守，为贫困的病患免费治病，只收取象征性的诊金。

誉满杏林的陈立健除了在中医界作出贡献外，还热心于公益和社区服务。他除了被世界各地多个中医学院和中医机构授予多个名誉职衔外，也是新加坡澄海会馆的发起人之一，更是积极倡导和推动本地德教会活动，是备受尊崇的资深德长。此外，他还被聘为世界杰出人才协会副主席、全国商联总会名誉会长、珍珠百货商场联合会会务顾问，以及其他华人社团的名誉会长、会务顾问和医药顾问。在社区基层工作方面，他曾担任直落亚逸区公民咨询委员会主席、秘书、名誉主席和赞助人。有鉴于他对中医学界和社会服务的卓越贡献，陈立健在1964年获得新加坡元首尤索夫颁赐公共服务星章，并于1990年及2005年荣获新加坡政府颁发的长期服务奖章暨四十周年全国先驱纪念奖。

（图片来源：华侨大学教授陈景熙提供）

陈立健工余时也喜爱撰写文章和古诗，内容多和医理、医道、德教信仰有关，也有一些是关于社团历史的回顾。这些诗文多发表于德教团体的刊物、中华医院的出版物和其他社团的纪念特刊。

2009年2月2日，陈立健在家中逝世，享年积闰九十一。陈立健育有二子三女，长男为医生，定居台湾，次子、次女皆为中医师，在新加坡行医，继承父亲衣钵，承宣岐黄。

参考文献

［1］陈美莲：《吾道不孤，岐黄承宣》，陈立健访谈笔录，1984 年 11 月 2 日，珍珠坊陈立健诊所。

［2］左言富：《悬壶济苍生，杏林弘真粹——访新加坡中医师公会名誉会长陈立健先生》，《南京中医药大学学报》（社会科学版）2004 年第 4 期。

［3］郑伟章：《陈立健先生与新加坡中医师公会》，《中国医药指南》2006 年 3 期。

［4］《陈立健先生讣告》，《联合早报》，2009 年 2 月 4 日。

［5］陈锦柏：《悬壶济世半世纪，享寿九十一：逝世老中医常免费为穷人治病》，《联合早报》，2009 年 2 月 5 日。

佘美国

Seah Mui Kok, Francis
(1923—1998)

　　在祖籍属澄海玉浦村（今汕头市金平区月浦街道）的本地潮人中，除了义安公司创始人佘有进次子佘连城曾在英国殖民地时代当过立法会议员外，该村另一名佘氏族人也曾于新加坡独立后在新加坡政坛上驰骋多年，他便是已故河水山区国会议员暨全国职工总会（National Trades Union Congress）前秘书长佘美国。

　　1923 年出生于新加坡的佘美国，在英华中学（Anglo - Chinese School）肄业不久，"二战"爆发，日军南侵。他在日治期间任职于医院，在日军铁蹄下与国人一起过着三餐不继、担惊受怕的生活。和平初年，他到壳牌石油公司（Shell Company）当一名书记。因遭受过资方苛刻的待遇，深深体会到凝聚全体工友的力量，共同维护与争取工友权益的重要性，遂于 1955 年带头发起组织壳牌石油雇员联合会（Shell Employees' Union），开始了他长达四十年的工运生涯。

　　为了给石油业工友提供一个平台，以便更好地代表他们的利益，佘美国于1961 年又组织了石油业工友联合会（United Workers of Petroleum Industry），并一直担任该会秘书长至 1978 年。这时候的佘美国已在业内颇具名声，加上杰出的领导与组织能力，他在 1967 年被推选为新加坡全国职工总会秘书长，达到其工运事业的巅峰。

　　值得一提的是，自 20 世纪 50 年代以来便献身工运的佘美国，当年意识到工会在处理和雇主之间的劳资关系时必须自制，不断地示威与罢工只会吓跑外资，到头来吃亏的是工友们自己。因此全国职工总会在他主政期间决定支持政府所提出的《雇佣法令》，不反对赋予资方聘用和解雇工人的权力，为的是顾全大局，在新加坡营造有利于吸引外资的投资环境，从而保障工友们的饭碗。佘美国的主张最终获得工友们的认可与支持，使得新加坡的工运朝向更健全、平衡与稳定的

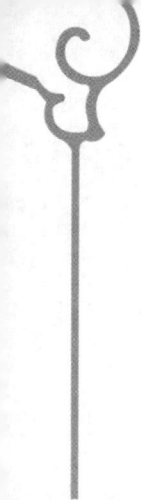

道路前进，确保了国家劳资关系的合理与和谐，为促进国家经济的发展提供了一个先决条件。

为了能够在国会殿堂替普通员工乃至更多弱势族群发声，佘美国于 1963 年决定代表人民行动党出来竞选，虽然在该届选举中落败了，不过他完全不气馁，反而加倍努力，终于在 1968 年的大选中当选为河水山区国会议员。佘美国平易近人，经常和老百姓打成一片，赢得了选民的信赖与敬重，故而蝉联该区国会议员一职长达十六年之久，直到 1984 年才宣布退出政坛。

难能可贵的是，佘先生虽然受英文教育并且来自一个讲英语的家庭，但他从不让自己的教育与语言背景成为他与华社沟通的障碍。从开始担任国会议员至卸任以后，他都与华社保持着密切联系，除了出任澄海会馆顾问之外，也历任义安公司董事以及佘氏公会会务顾问等社团要职。佘美国生活在二十世纪五六十年代的动荡社会环境里，目睹毒品对国人所造成的祸害，故一生对毒品极其痛恨，义不容辞地担任新加坡肃毒协会副会长，并积极参与社区的反毒抗毒活动。

新加坡政府曾在 1963 年颁予佘美国公共服务星章，以表彰他为新加坡的工会与工友所作出的巨大贡献，而全国职工总会也在 1981 年颁予他劳工先驱奖，全面肯定其在推动职工运动上的杰出表现。备受工友们爱戴与尊敬的佘美国，在当时的工运界里被尊称为"佘叔叔"（Uncle Seah）。

前议员佘美国病逝
职总表扬他对工运贡献

前国会议员、全国职工总会前秘书长佘美国在上星期六病逝，享年74岁。职总昨天发表悼文，表扬他自50年代以来长期献身工运，为工会争取权利所作的贡献。

职总会长德培华和中央委员会全体委员在悼文中形容佘美国是个"为工会争取权益的无畏斗士"。执政的人民行动党就是因为他在处理劳资关系时原则坚定，并且长期为工友力争权益，而推选他为1968年国会选举时的河水山区行动党候选人。他后来连任河水山区议员长达16年，直到1984年退休。

佘美国是从基层工会领袖做起，后来在1967年至1970年期间担任全国职工总会秘书长。这个时期正是我国因英国决定撤军，可能造成严重失业问题而面临的艰难时期。

职总的悼文说，在他的领导下，职总支持政府提出《雇佣法令》，尽管这么做将促使有组织的工人运动在对待资方的管理层时必须自我节制。

他当时意识到工会在处理和雇主之间的劳资关系时必须自制，我国才能营造有利于吸引外资的投资环境。虽然他不反对给予资方聘用和解雇工人的权力，但却强调必须建立起制衡雇主权力的机制。

工友当年都热情地称呼佘美国为"佘叔叔"。蚬壳石油公司集团工会也是由他一手创立的，他后来还领导这个工会加入他协助成立的石油工业工友联合会，并在1961年至1978年间兼任石油工业工友联合会的总秘书。与此同时，他也在全国职总和一些国际工会组织内担任要职。

政府在1963年颁发公共服务星章给佘美国，以表扬他在推动职工运动上的杰出表现。在1981年，全国职总也颁发劳工先驱奖给这位工运元老。他一直积极参与工会活动，直到1997年4月才卸下职总信托局董事的职务。

佘美国病逝，享年74岁。

（图片来源：《联合早报》，1998 年 3 月 24 日）

佘美国在 1998 年 3 月病逝，享年七十五岁。全国职工总会会长德培华和中央委员会全体委员曾发表唁文表扬他对工运的贡献，并在唁文中形容佘美国是个"为工会争取权益的无畏斗士"。居丧期间更蒙新加坡总统王鼎昌、国会议长陈树群及多名政要与社会贤达到丧府慰问。举殡当日执绋者众，素车白马，可谓存荣没哀，在新加坡工运史上留下光辉的一页。

参考文献

［1］《行动党候选人略历》，《南洋商报》，1936 年 9 月 10 日。

［2］Irene Quah：《佘美国先生口述历史访问记录》，新加坡国家档案馆，1988 年 7 月 6 日及 1994 年 6 月 17 日，新加坡口述历史中心，Accession Number 000838，Reels 1 - 7。

［3］"Former MP and Union Chief Dies"，*The Straits Times*，1998 - 03 - 24.

［4］《佘府泣谢启事》，《联合早报》，1998 年 4 月 11 日。

［5］李志贤：《乘风破浪——新加坡澄海会馆四十周年纪念，1965—2005》，新加坡：新加坡澄海会馆，2005 年，第 82 - 83 页。

李毓湘
Lee Hiok Siang, Stephen
(1928—1991)

坐落于新加坡繁忙的商业街乌节路，于 1993 年由新加坡前总理吴作栋主持开幕的义安城（Ngee Ann City），如今已成了新加坡闹市中一座地标性建筑。这座由本地潮人信托慈善机构义安公司耗资五亿两千万新元兴建，面积逾两百万平方英尺的现代购物商场，每日吸引着无数的购物者与游客前来消费，其产业租金方面的收入目前更是义安公司主要的资金来源之一，而当年负责策划此项投资项目之幕后功臣正是新加坡本地澄海籍先贤及知名银行家李毓湘。

李毓湘，祖籍澄海县秀水社外埔乡（今属汕头市澄海区凤翔街道外埔社区），1928 年出生于新加坡，为本地潮帮领袖李伟南的第五公子，故亲友以至于潮社中人皆尊称其为"五舍"（五少爷）。

李毓湘在 1949 年毕业于新加坡英华学校后，旋即赴美国哥伦比亚大学攻读经济学，1952 年考获经济学士学位，毕业后继续在纽约大学深造，并在 1954 年获颁硕士学位，是侨领中少数具有高学历的人才，可谓学贯中西。

其父李伟南当年是本地潮人银行四海通银行的董事主席，儿子学成归来后即让他加入该银行行列，意在栽培成为其接班人。李毓湘在 1955 年先被派往四海通曼谷分行担任经理，1962 年调回新加坡并出任新加坡总行的总经理一职，负责总行的一切业务，1976 年复接替陈锡九成为四海通银行董事主席，直至 1985 年正式退休，前后在该银行服务达二十三年之久。

在主管四海通银行业务的同时，李毓湘平日还要兼顾李氏家族的生意。他曾担任过李兄弟（伟记）私人有限公司、李毓记私人有限公司、李投资有限公司、海泉有限公司及 L. H. S. HOLDINGS (PTE) LTD 等多间家族公司之要职，以"能者多劳，智者多忧"八字形容之，实不为过。四海通银行于 1972 年被华侨银行并购，李毓湘从1973年起担任华侨银行董事会董事，至其1991年逝世为止。他将一生精力投于新加坡银行界及金融界，建树颇多。

商余之暇，李毓湘也积极参与本地华社的活动。1965年，他曾与本地澄海乡亲们共同发起组织新加坡澄海会馆，并当过该会馆数届副会长。除此之外，他也曾出任新加坡中华总商会董事、义安公司义务司理、潮州八邑会馆财政、醉花林俱乐部总理、星洲德教济芳阁名誉阁长、余娱儒乐社名誉社长、同德善堂念心社名誉主席、适可俱乐部产业信托人等多个社团要职，一生对本地华社作出不少贡献，尤以其策划兴建义安城之构思与壮举，迄今仍为潮籍乡亲们所津津乐道。义安城能发展成今天的规模，成为义安公司重要的资金来源，李毓湘可谓功不可没。

事缘义安公司先贤们曾于19世纪向英国殖民政府买下乌节路附近一块总面积达二十九公顷的土地作为本地潮人乡亲的义山，不过到了20世纪50年代末，政府将乌节路一带划入市区重建之范围，此座名为"泰山亭"的墓地被划入重建范围而被夷为平地，以供日后重新发展之用。但当时由于种种原因，有关发展计划迟迟未能进行。

李毓湘在1985年卸下四海通银行职务后，决定全面投入义安公司的事务，并利用自己的商业经营策略，推动公司的发展。长年驰骋于商界的李毓湘意识到乌节路周遭的巨大发展潜能，遂提议在"泰山亭"原址兴建一座结合商业和行政办公的综合大厦，此项建议获得义安公司全体董事的支持。为落实此项投资发展项目，义安公司于1988年成立了子公司义安发展私人有限公司并委任李毓湘出任此公司的副主席，全权负责义安城的兴建等有关事宜。同年，李毓湘率领义安公司代表团到日本东京与高岛屋百货公司（Takashimaya Department Store）管理层举行会谈。高岛屋百货公司后来成为义安城的主要租户。

为延揽开发伙伴，李毓湘曾多次代表义安公司出国参加会议。不幸的是，他在1991年6月24日一次商务行程中，于返新加坡的飞机上心脏病爆发而与世长辞，噩耗传来，闻者无不沉痛哀悼。

李毓湘身后遗下孀妻及三男一女，哲嗣李秀炎是现任澄海会馆会长。

李毓湘（右二）于 1988 年在日本东京与高岛屋百货公司管理层举行会谈

（图片来源：陈澄子，《义安公司——跨入另一个千禧年》，第 98 页）

参考文献

［1］《李伟南第五公子李毓湘学成归来获哥伦比亚大学经济学士》，《南洋商报》，1954 年 2 月 24 日。

［2］《四海通金融有限公司开幕特刊》，《南洋商报》，1971 年 4 月 24 日。

［3］《李毓湘与陈培荣任华侨银行董事》，《南洋商报》，1973 年 9 月 26 日。

［4］《四海通银行董事主席陈锡九宣告荣誉退休由总经理李毓湘接任》，《南洋商报》，1976 年 6 月 24 日。

［5］《李毓湘先生讣闻》，《联合早报》、*The Straits Times*，1991 年 6 月 27 日。

［6］《返国途中心脏病发，飞机急降香港抢救，银行家李毓湘不治身亡》，《联合早报》，1991 年 6 月 27 日。

［7］"Former Banker Dies after Heart Attack on SQ Flight"，*The Straits Times*，1991 – 06 – 28.

［8］杨锡厚：《新加坡醉花林俱乐部成立一百五十周年纪念特刊》，新加坡：醉花林俱乐部，1996 年，第 111 页。

［9］陈澄子：《义安公司——跨入另一个千禧年》，新加坡：义安公司，2005 年，第 95 – 103 页。

［10］李志贤：《乘风破浪——新加坡澄海会馆四十周年纪念，1965—2005》，新加坡：新加坡澄海会馆，2005 年，第 77 页。

高启智

Kor Kee Tee
(1939—2013)

　　从 1985 至 2000 年的十五年间，高启智蝉联新加坡澄海会馆八届理事会的会长，是该会馆连任会长一职最久的领导人，对会馆之贡献不言而喻。

　　高启智于 1939 年 11 月 20 日出生于新加坡，祖籍澄海隆都石头坑（今属汕头市澄海区东里镇石头坑村），父亲高景瑚是澄海会馆在 1965 年创立时的发起人之一，在本地经营米糖业，也在马来西亚开采铁矿和开设制衣厂，还和台湾远东集团合资在新加坡经营水泥生意，是新加坡一位颇有名望的殷商。高启智共有兄弟姐妹十二人，他在端蒙学校接受小学教育，华侨中学高中部毕业后，开始步入商场，除继承父亲的生意外，也饶有开创，先后担任新成利贸易私人有限公司、远顺建筑私人有限公司、远顺发展私人有限公司、新加坡工程合营有限公司、亚洲水泥（星）有限公司、有年钢网（新）私人有限公司、华亿（星）私人有限公司、马来西亚制衣私人有限公司、利美包装制造业（1986）私人有限公司、中央包装（星）私人有限公司、麒麟阁鱼翅海鲜酒家、南联木器厂私人有限公司、南联材料商行私人有限公司等的董事主席、董事经理等要职，所涉及的业务范围涵盖水泥、建筑、矿业、木材、成衣、包装、米糖、餐饮及其他投资业务，俨然是一个庞大和多元化的经营网络。

　　高启智在 1985 年从前任会长王源河接过澄海会馆的领导棒后，在历届会长和理事们所奠下的稳健基础上，积极开展对外交流。他数度组团出席各地澄海宗乡社团的庆典，例如，1987 年 5 月组团赴泰国，参加泰国澄海同乡会庆祝四十周年纪念大典，加强了新泰乡亲的联系；1988 年上旬组团赴中国原乡观赏春节花灯展，让团员了解祖籍国的人文景观与传统节日，也增强了和祖籍乡亲的情谊。

　　1991 年 8 月，新加坡澄海会馆派出由王源河率领的四人代表团，到吉隆坡祝

贺马来西亚雪隆潮州会馆一百周年会庆，增进了两地潮籍乡亲的交流。1997 年 5 月，再次组织一个 32 人的庞大代表团到曼谷参加泰国澄海同乡会的金禧大典，展现了深厚的乡梓之情。1999 年 10 月，澄海会馆应汕头市政府之邀，组织了一个 57 人的代表团参加汕头市国际食品博览会、交易会与潮剧节以及澄海市金秋联谊会，会长高启智亲自担任团长，团员人数为历来最多者。2000 年 9 月，高启智再度亲自带领澄海会馆 33 人代表团参加中国澄海市金秋联谊会。此后，组团参加澄海币金秋联谊会几乎成了澄海会馆的例常活动。

在高启智担任会长期间，澄海会馆也迎来了许多国外乡团，接待过不少来访的政府官员。例如，1987 年初高启智宴请前来参加由潮州八邑会馆主办的第四届国际潮团联谊年会的各地澄海乡团，以尽地主之谊；1988 年秒，时任海南省省委书记的澄海乡亲许士杰率领海南省经济考察团到新加坡访问，高启智特意通过华联银行的安排，设宴欢迎行程紧密的许士杰和代表团一行人，以彰乡谊；1990 年 9 月，澄海县委书记杜绍强率领由该县多位高层官员组成的澄海县工商考察团莅临新加坡考察，高启智带领会馆理事接待贵宾，他还亲自陪同考察团参观工业区，拜访广东会馆、潮州八邑会馆，自此，澄海会馆和澄海地区官员建立了友好的关系和密切的联系，同年 10 月，祖籍澄海的汕头市侨务办公室主任李延康来新加坡作私人访问，谊属同乡，会馆亦给予热情招待，并安排理事们陪同访问潮州八邑会馆。

在高启智的倡导和带领下，澄海会馆多年来在外展方面的努力为该会馆建立了一个广大的区域性地缘网络，提高了该会馆在国际乡团中的名望与地位，为日后的发展作出了一定的贡献。

自 1986 年至 2001 年，高启智先后出任醉花林俱乐部的董事、财政和司理。醉花林俱乐部是新加坡历史最悠久的华人俱乐部之一，更是东南亚潮州人最早成立的一所享有盛誉的俱乐部。其始创年代今天已不可考，相传是成立于清道光二十五年（1845），至今已有一百七十多年。1985 年 10 月 20 日，醉花林俱乐部庆祝成立一百五十周年，在海皇剧院大酒楼举办千人晚宴，时任新加坡总统王鼎昌阁下及第一夫人是晚宴贵宾。其他嘉宾还有中国驻新加坡大使傅学章伉俪、原籍澄海的大使馆领事参赞杜坚先生、国会议员、政府官员、外国与本地潮人社团领导人和其他社团代表、媒体与文化界朋友，以及其他社会名流，济济一堂，节目丰富，场面盛大。时任司理的高启智担任庆典工委会总务，在策划和组织各项活动和节目上扮演了重要的角色。

高启智在宴会上宣布董事会计划将年久失修的旧会所拆除，在原址上兴建设备现代化的新会所及高级公寓，今后会所在产业上的收益，可供教育文艺发展和设立慈善基金。而为了与时并进，俱乐部也放宽入会条件，准备吸引更多年轻有为的潮籍专业人士加入，以加强俱乐部的阵容。重建与发展计划为充满历史意义的古老俱乐部注入了新的生命力，也开启了它在现代社会的新使命。高启智多年来参与了俱乐部会所翻新和重建的规划工作，一百五十周年宴会上所宣布的发展构思，为俱乐部迟至 2007 年才落实的重建计划提供了一个基本的蓝图，这可视为高启智对醉花林俱乐部一项重要的贡献。

高启智于 2013 年逝世。他生前除了长期担任澄海会馆会长和历任醉花林俱乐部的财政和司理之外，也曾担任鹤鸣俱乐部主席、高氏公会副会长和荣誉会长、新加坡篮球总会副会长，以及中华总商会、新加坡水泥厂商公会、义安公司、潮州八邑会馆、星洲德教济芳阁、民众体育会等诸多社团的董事和其他要职。虽然他在晚年逐渐结束自己的生意，淡出社交活动，但其在退休前对本地华人社团的贡献还是应该获得肯定，且值得我们书写。

参考文献

［1］《澄海会馆入会志愿书（高启智）》，1981 年 4 月 6 日。

［2］吴锦俊：《会史》，载《澄海会馆银禧纪念特刊，1965—1990》，新加坡：新加坡澄海会馆，1990 年，第 61 – 63 页。

［3］《新加坡醉花林俱乐部成立一百五十周年纪念特刊》，新加坡：醉花林俱乐部，1995 年，第 53 – 54 页。

［4］李志贤：《流金岁月：新加坡醉花林俱乐部一六六周年暨新会所开幕双庆纪念特刊》（增订本），新加坡：醉花林俱乐部，2012 年，第 96 – 108 页。

［5］吴锦俊先生所提供之资料。吴锦俊现任澄海会馆总务。

（图片来源：《联合早报》，2013 年 10 月 8 日）

（图片来源：新加坡澄海会馆提供）

（图片来源：《新加坡醉花林俱乐部成立一百五十周年纪念特刊》，第 75 页）

王思宗

Heng Ser Chong

(1940—2011)

出身书香门第的王思宗，号莲斋，1940 年于新加坡出生，祖籍澄海 ①。乃父王纯德是著名的书画家，年轻时曾在家乡的自强学校任教，南来新加坡后曾到马来西亚柔佛州的乡村从事教育与文化工作。

王思宗的外祖父陈兆五是一位篆刻家，也擅长书画，在故里潮安创办小学，自任校长，刻苦经营三十多年。

其舅陈景昭先生更是一位桃李满门的书画家，他在 20 世纪 40 年代后期南来新加坡后，就与同好创办中华书画研究会，且担任过端蒙中学校长，培养英才无数。

幼承庭训，深受家风熏陶的王思宗自小酷爱文学、书法，课余之后，每每临池习字，并渐渐成为一种嗜好。虽然王思宗在童年时因为战火硝烟而一度避居印度尼西亚，过着漂泊的生活，但这没有磨灭他练字习画的热忱。王思宗年纪轻轻就已展露出艺术的天赋，他在二十六岁所书写的"凌霄高阁俯江城"七律条幅就已隽秀刚劲，才华尽显，深受艺坛名宿的赞赏。然而，王思宗并不自满于已有的成绩，而是孜孜不倦，力求使自己的书法技艺更进一层。他特地于 1972 年及 1973 年先后两次专程远赴台湾，拜会当时最负盛誉的书法篆刻家王沅礼，并得其引见，获得另外两位知名书法家傅狷夫、曾绍杰的指点，在三位前辈的亲身教益下，其书艺更为精湛。与此同时，王思宗也经常游览东南亚各地的名城古都，参观文博馆藏，拜访公私藏家，寻访历朝名贤的真迹，希望能增广见闻。偶然得到一幅佳帖或名师墨宝，他都如获至宝，观摩再三，以至废寝忘食。正是由于刻

---

① 王思宗祖籍家乡何处已不可考，只知时属澄海县地区。

苦用功，王思宗在书法领域的造诣深厚，他的书法融汇各家、贯通古今而又自成一格。

在 20 世纪 80 年代初，王思宗曾因为劳累过度患胃溃疡多年，身心俱疲，无法练字，闲时偶然阅读佛典，突感世事无常，自此皈依佛法，读经习静。十多年之后，王思宗才重操笔墨。由于多年潜修佛法，使得他后期的书法又多了几分佛家的圆融淡雅、雍容大度的特质。1995 年，他应杭州金石书画家张耕源副教授力请，为浙江省临安玲珑山卧龙寺榜书的"大雄宝殿"四字就可见一斑。

王思宗的书法作品在新、中书法交流展，国际书法交流东京大展等展览中都深受好评，并曾由时任新加坡总理公署特委政务部长姚智先生颁发新加坡书法家协会的"陈景昭先生书法奖章"，以表彰其贡献，他也获颁 2009 年度义安文化中心特选"卓越书法家"。但他始终不以书法家自鸣，不求名利，不为人师，从未开班授课。问起原因，他自认学陋才薄。但遇到有人向其请教，王思宗却很乐意讲解，倾力教授，无所不言，对于书法艺术之弘扬工作，亦积极支持。他是中华美术研究会会员，曾担任新加坡布莱德岭华族传统艺术中心顾问团顾问，同时也受委为新加坡中华书学协会高级评议员、墨澜社顾问。在全国公开书法比赛或全国学生书法比赛中，他都受邀担任评选员，在书法界中有口皆碑，颇受同道的尊敬。

王思宗因为谦逊守份，通常都不随意书写，偶有作品，也经常被赏识之人所索取，所以自存的作品稀少。在好友几经劝请之下，王思宗才应允将多年来的书法作品收集整理，出版《莲斋书法》一书。他也将其父亲王纯德老先生的遗作编辑成册，出版《王纯德绘画选集》一书，也曾撰写介绍其舅舅陈景昭的文章《陈景昭先生生平及其书法》，刊登于香港《书谱》。这些都成为后人了解王思宗祖辈及其本人为艺术界所作贡献的重要史料。

参考文献

［1］新加坡中华书学协会：《新加坡中华书学协会二十年》，新加坡：新加坡中华书学协会，1998 年，第 28 页。

［2］新加坡书法家协会：《新加坡书法家协会三十年》，新加坡：新加坡书法家协会，1998 年，第 29 页。

［3］王思宗：《自序》，载《莲斋书法》，新加坡：金石书画社，2001 年。

［4］吴俊刚：《序》，载王思宗：《莲斋书法》，新加坡：金石书画社，2001 年。

［5］马国权：《王思宗先生书法集》，载王思宗：《莲斋书法》，新加坡：金石书画社，2001 年。

　　［6］魏爱兰：《王思宗先生事略》，载王思宗：《莲斋书法》，新加坡：金石书画社，2001年。

　　［7］新加坡书法家协会：《新加坡书法家协会四十年》，新加坡：新加坡书法家协会，2008年，第50、54页。

　　［8］王思宗：《王纯德绘画选集》，新加坡：王思宗出版，2010年。

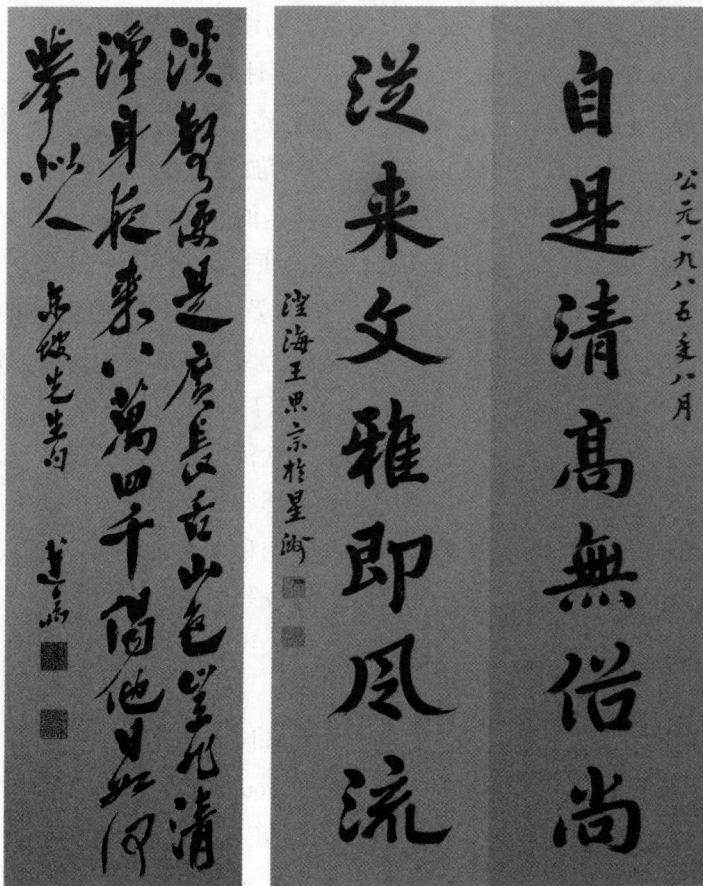

王思宗书作

（图片来源：王思宗《莲斋书法》，第13、34、18页）

陈天立

Chen Tien Lap，Bernard

（1942—2015）

新加坡前国防部政务部部长陈天立的祖籍为澄海隆都镇前美村。

陈天立 1942 年出生于昆明，其出生后六个月时，其父陈立纲被派往加尔各答任中国政府驻印度领事馆一等秘书，遂随父亲到那里生活。1946 年他赴香港接受小学教育，并于 1956 年移居新加坡，在新加坡接受中学教育。1963 年，陈天立获新加坡哥伦坡计划奖学金，赴加拿大阿尔伯塔大学深造，四年后毕业时考获一等荣誉学位。1967 年，陈天立从加拿大返回新加坡后便加入公共服务，先后在经济发展局及财政部服务。1972 年，他获爱德华梅森研究奖学金，再赴美国哈佛大学进修，翌年考获公共管理硕士学位，回新加坡后担任财政部经济发展署署长。1977 年，陈天立代表人民行动党在拉丁马士区参加补选，以约百分之七十的高得票率一举击败当时颇有名气的工人党秘书长惹耶勒南律师，进入国会担任该选区的国会议员，并受委为国防部政务部部长，从此步入政坛。但在 1981 年，陈天立辞去担任了四年的国防部职务，转到私人企业发展，先后担任新加坡星狮集团总经理及国际贸易集团（Intraco）总裁等职位。

在为企业界服务期间，陈天立还继续代表人民行动党参加历届大选，被推选担任多届国会议员。

他曾先后出任金文泰单选区、巴西班让集选区、砖厂集选区和西海岸集选区国会议员，并担任公共账目委员会（Public Accounts Committee）主席长达八年；他从政时间总共长达二十四年，直至 2001 年才正式从政坛引退。

陈天立在新加坡职工运动中也作出了重大贡献，曾先后在多个主要劳工组织服务超过三十年。从 1977 年至 1990 年，陈天立担任职总英康的董事会主席，此后还担任吉宝船厂雇员联合会顾问和新加坡劳工基金董事等职位，他对工友福利尤其关注。为了表扬陈天立在工运的杰出表现和长期贡献，全国职工总会在1979年颁予他"劳工之友"奖章（Friend of Labour Award），并在1986年特别授予他卓越服务功勋（Meritorious Service Award）。

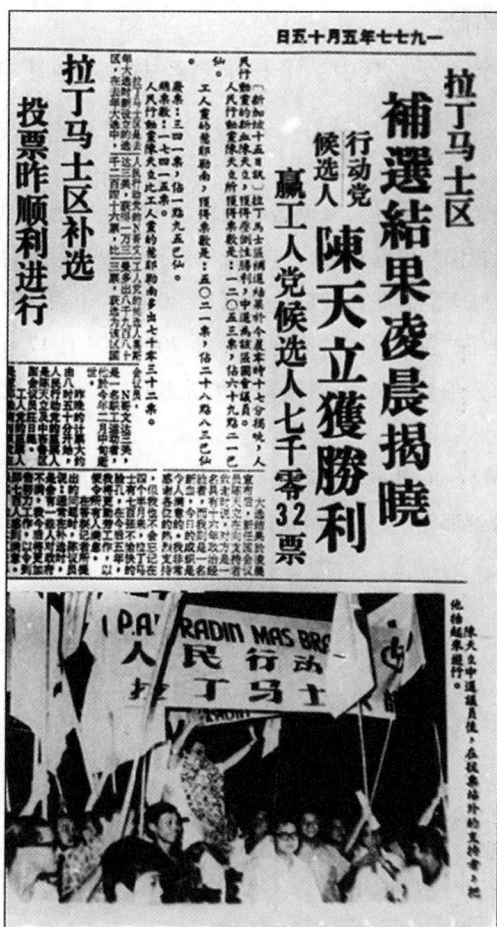

（图片来源：《南洋商报》，1977年5月15日）

陈天立是一位虔诚的天主教徒，退休后潜心研究神学，于2003年考获宗教学学士学位，他也曾担任多所天主教会学校的董事长及新加坡天主教会学校委员会主席。陈天立于2003年4月出任新加坡健保集团主席，在任期间，他成功为下属医疗机构引进远距离放射治疗，并积极推广资讯科技，为病人提供快速、廉价的医疗服务。2008年，新加坡政府颁发公共服务星章给予陈天立，以表扬他担任新加坡健保集团主席期间所作出的巨大贡献。

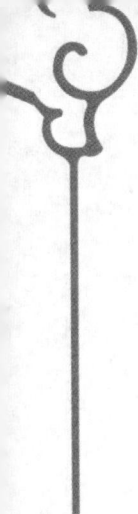

2015 年 4 月 8 日，陈天立因患肾癌病逝，享年七十三岁。时任新加坡总统陈庆炎在唁函中指出，陈天立一生在民、私、政等多个领域为国家发展作出巨大贡献，致力于服务人民，且一向待人亲切，乐于助人。

李显龙总理也在脸书（Facebook）上发表悼文，赞扬陈天立一生奉献自己，为国家发展作出许多贡献。

陈天立共育有三个子女，其中一个孩子已经去世，他还有三个孙子。

参考文献

［1］《陈天立对英康贡献获表扬》，《联合晚报》，1990 年 11 月 19 日。

［2］《陈天立：心系祖国从家庭开始》，《联合早报》，1999 年 10 月 13 日。

［3］《国际贸易总裁陈天立辞职》，《联合早报》，2000 年 10 月 3 日。

［4］《许文远部长委任二新主席》，《联合晚报》，2009 年 4 月 17 日。

［5］《隆都镇华侨志》编纂委员会：《隆都镇华侨志》，香港：文化走廊出版社，2013 年，第 154 页。

［6］Former Minister of State Bernard Chen dies aged 73, *Channel News Asia*, 2015 - 04 - 08.

［7］《曾在补选击败惹耶勒南　国防部前政务部长陈天立病逝》，《联合早报》，2015 年 4 月 9 日。

蔡
逸
溪

Chua Ek Kay

（1947—2008）

　　蔡逸溪是新加坡著名画家和文化奖得主，1947年生于澄海西门城角楼（今属汕头市澄华街道西门社区），六岁南至新加坡受教育，1967年于公教中学高中毕业，后来师从对开拓新加坡美术教育起着重大影响的海派画家范昌乾，学习水墨画，复于1990年考获新加坡拉萨尔艺术学院绘画高级专业文凭，再到澳大利亚的塔斯马尼亚大学和西悉尼大学深造，1995年考获视觉艺术（Visual Arts）硕士学位。蔡逸溪曾在新加坡国内外举办了十多次个人展和多次联展，获得高度的评价。他的画作广为新加坡大企业、大酒店、外交部以及各大文教机构和国内外各界人士收藏，尤其是现代水墨画，具有很高的价值。他创作的丝印壁画被嵌挂在克拉码头地铁站壁上。

　　蔡逸溪在年少时就展现了艺术天分。在公教中学求学时期，他是学校铜乐队和管弦乐队的成员，专司西洋长笛，也擅长以竹笛吹奏潮州音乐。他非常喜爱古诗词，20世纪80年代初期，曾邀请著名书法家、诗人潘受到家中传授创作诗文的理念，颇受潘老启发，潜心研习。无论是古体诗还是近体诗，蔡逸溪都有很高的造诣。前南洋艺术学院院长、现任新加坡华族文化中心总裁朱添寿先生便对蔡逸溪古诗创作所表现的严谨格律、典雅用字和脱俗意境大为赞赏。

　　然而，这位极具天分、享誉艺坛的杰出艺术家却等到1986年，即年届四十才决定成为专职画家。在此前，蔡逸溪曾当过成衣厂经理，也曾和友人合股经营餐饮业。选择专职作画不是一个容易的决定，当时蔡逸溪的孩子还很小，家庭开销全靠他一个人维持。但本着对艺术的执着，他毅然下定决心，并花了两年的时间筹划了1988年所举办的"街景系列"个人画展。即使如此，蔡逸溪仍不免忐忑不安，甚至做好若失败就只好转行的最坏打算。然而1988年的画展却成了蔡逸溪在绘画事业上的一个转折点，他以新加坡街景为题材所创作的十五张画作，展出时全被认购。1991 年，他的作品获得大华银行绘画大奖，1999 年再赢得文化奖。至此，他的艺术成就已经获得国家的肯定，也奠定了他在艺术界的一席之地。

蔡逸溪的艺术功力，奠基于其深厚的传统文化底蕴，再结合他后期汲取西方当代艺术理论，启发和丰富了他的艺术观，形成了独树一帜的个人画风。他认为水墨画要走向世界，须注重本土内容和特色。

他虽然坚持自己是一个当代水墨画家，但其画作的最大特色是东西合璧。除了重视本土的内容和特色外，他也将西洋画中的元素融入东方的水墨色彩，并通过不同的材料进行创作，例如纸浆画和丝印壁画。他力求变革创新，勇于脱离水墨画的限制，进入另一个美学的层次。

蔡逸溪的绘画题材有本地的街道景色、中国江南的老屋、山水风光等，风格各异，表现手法趋于多元化，亦注重艺术的结构美，最善于通过水墨线条来表现意境。艺术史论者郭建超指出：蔡逸溪的创作除了水墨作品外，亦有多元媒体的尝试，他的美学观点涵盖文人传统、后现代主义和东南亚区域主义，正彰显了其画室取名"容斋"的含义，不只是包容，更代表了蔡逸溪的气度豁达和心胸宽大。

蔡逸溪于 2008 年 2 月 8 日病逝，享年六十一岁。各界人士对他在创作的高峰与艺术理论的成熟阶段逝世都深感惋惜，认为是新加坡艺术界的一大损失。新加坡美术馆联合新加坡管理大学于同年 5 月在美术馆为他联办了一个逝世百日追思会。出席者包括他的亲人、学生和美术界同道，其中不乏艺术界的精英。2009 年，蔡逸溪的门生也在新加坡管理大学画廊为他举办画展"遍插茱萸少一人"，以表达对恩师的怀念。

蔡逸溪的画作被结集出版为《蔡逸溪书画展作品选集》《蔡逸溪：新加坡街景创作——牵动记忆》等，他生前还将其"新加坡街景"的系列水墨画捐献给新加坡管理大学，也分别捐献画作给新加坡国立大学、母校公教中学和国家图书馆。他曾表示要捐献画作给国家机构。为了实现蔡逸溪的遗愿，他的家人在 2010 年将所珍藏的三十八件画作捐献给新加坡国家美术馆，由时任新闻、通讯及艺术部代部长吕德耀主持捐献仪式。这些作品是蔡逸溪一生绘画生涯中不同阶段的代表作，它们将永远成为国家的艺术典藏，为新加坡留下一笔宝贵的文化遗产。

参考文献

［1］吴启基：《以海明威笔下老人自许奋力拼搏数十年》，《联合早报》，2008 年 2 月 14 日。

［2］朱添寿：《心耕笔织 鹤去雁飞——蔡逸溪百日祭》，《联合早报》，2008 年 5 月 16 日。

［3］陈清业：《当画家，是蔡逸溪正确的选择！》，随笔南洋网，http：//www. sgwritings.com/，2008 年 5 月 22 日。

［4］吴启基：《永留人世丹青情——蔡逸溪家人捐画给国家美术馆》，《联合早报》，2010年1月21日。

［5］周雁冰：　《蔡逸溪珍藏展　谁启发了他的创作》，联合早报网，http：//www. zaobao. com. sg／，2015年8月11日。

《村口》水墨设色纸本（244cm×120cm）

《奎因街的教堂》水墨设色纸本
（120cm×120cm）

《电线杆和古道》水墨设色纸本 　　　　《桥上所见》水墨设色纸本

（244cm×120cm） 　　　　　　　　　（244cm×120cm）

　　（以上四幅图片来源：逸溪 YIXI：Recent Printings of Chua Ek KayExhibition，Singapore：Singapore Art Museum，2005，p. 41、65、35、33）

附录一

话不尽的移民潮——澄海华侨沧桑史①

海洋，是潮汕人赖以生存的资源，她以其博大而慈爱的胸怀，哺育了一代又一代的潮汕百姓。在和平稳定的年代里，她是潮汕人重要的依靠，而在中国近代那艰难困苦、动荡不安的日子里，她更成为人们得以生存的唯一希望，大批在家乡无以为生的老百姓涌向澄海樟林港，投奔怒海，越洋谋生。一场规模浩大、历时长久的移民潮就这样展开了……

澄海是广东著名侨乡之一，清代康乾年间，属澄海的樟林港已是广东海运和移民的重要口岸。原属澄海的汕头港后来也在很长时期里成为全国最大的移民口岸。明代澄海建县前后，已有姓名可考的澄海人流寓海外，到了近代，澄海人源源不断向海外移民，并在海外繁衍生息。时至今日，居住在世界二十多个国家和地区（包括港、澳）的澄海移民有五十六万人。这些澄海移民在国内的眷属近四十万人，移民眷属占总人口百分之七十以上的澄海乡镇也为数不少。数十年来，虽然大部分澄邑华侨都已先后成了各居住国的国民或永久居民，但他们仍然与祖籍家乡保持亲密联系，而在世界各地卓有成就的澄海移民也代有其人，他们持续为故乡与中国的经济繁荣和建设作出巨大贡献。

红头船的骊歌与悲情

追溯潮人出国的历史，远在唐宋之际便已开始。文献上有较具体记载的是明

---

① 《话不尽的移民潮——澄海华侨沧桑史》转载自笔者所编撰《乘风破浪——新加坡澄海会馆四十周年纪念，1965—2005》，第 1 - 24 页。笔者稍做删减。

万历元年（1573），澄海南湾村人林道乾率领的海上武装力量被明朝官兵击败后，率众逃到柬埔寨，并与留居当地的澄海人杨四结为莫逆之交，旋又潜回潮州，几经辗转，率部两千余人到暹罗（今泰国）大尼（今北大年）定居，后来当地人民还称北大年港为"道乾港"。明朝海禁森严，各地商民常从澄海各港口违禁冒险出洋。

清康熙二十三年（1684），清廷允许沿海商民出洋贸易。康熙六十一年（1722），清廷决定从暹罗进口大米三十万石给粤、闽、浙诸省。两年后，首批大米和稻种运抵樟林。乾隆十二年（1747），清政府正式准许沿海商人领照到暹罗采购大米以接济民食，澄海的海运贸易更趋兴旺，而经营大米也自此成为潮人的传统行业，樟林港更成为"河海交会之圩，闽商潮客，巨舰高桅，扬帆挂席，出入往来之处"。

其他如本县的"溪东、南关、沙汕头、东陇港之间，扬帆捆载而来者，不下千百计"。按嘉庆《大清一统志》所说："澄海县商民领照赴暹罗国买米，接济内地民食，虽行之已阅四十余年，但此项米船，据称回棹者，不过十之五六。"从事海运贸易的澄海人，"不回棹"的十之四五中，除遇险者外，大多成为定居暹罗的华侨。

清朝中晚期以后，随着贸易口岸增多，特别是与暹罗的大米贸易日益繁盛，各地富商纷纷集资制造红头船以利运输。而当年红头船云集的樟林港，除了作为商港外，还成为邻近各县以及嘉应州、闽南等地向海外移民的主要口岸。红头船即舶艚船，也叫洋船、商船，为出洋谋生的澄海人提供了交通的方便，成了当地与海外联系的窗口与出路，这也见证了当时潮人携带着一张草席、一顶竹笠、一块水布、一个竹篮，一瓶清水和少许赖以充饥的干粮，迎着风浪，冒险漂洋、过海谋生的一行行血泪和一页页奋斗史。

雍正元年（1723），清政府为便于对各省商船、渔船进行登记管理和稽查，规定各省商船在船身头尾两端和大桅上半截用漆涂上不同颜色以作区别。澄海的商船和广东其他地方的船舶按规定都涂上红漆。澄海的红头船是一种高桅的大型木帆船，除船头漆成红色外，还画上两颗圆圆的大眼睛，浮在水面像一条大鱼，也有些画上雄鹰振翅高飞的图样。它坚固耐用，载重量大，抗风性能优越，为当年的潮汕商人长途贩运、对外贸易提供了一大有利条件和奠下重要基础，成为潮汕人北上天津、姑苏（苏州）、烟台，南下暹罗、石叻（新加坡）、交趾（越南）之间的桥梁。据说，昔年的红头船可容纳数百人，载荷几百吨，每年九至十月间，乘东北信风出发，遇上好风力，四帆齐张，船行如飞，顺风航行，一个半月即可抵暹罗。

暹罗吞武里王朝国王郑信的父亲郑镛，便是在雍正年间从家乡澄海上外都华富村到樟林港乘红头船赴暹罗的。祖籍澄海隆都的巨贾陈黉利，其祖先和族人也在樟林港乘坐红头船出外谋生创业。东湖人林熙选，人称"出海公"，于乾隆元年（1736）在樟林的红头船上当水手，后来到石叻定居，繁衍至今，海内外子孙已有十余代。究竟有多少人从樟林港出发到东南亚侨居虽不可确知，但据《泰国潮州会馆成立四十五周年特刊》所载："一七八二年至一八六八年，潮州一带乘红头船移入泰国者人数甚众。此一阶段约一百年，华侨人数达一百五十万人。"现在潮汕地区不少县份都有先人从樟林港乘红头船"过番"的记载。著名散文家秦牧在《故里的红头船》一文中说：

> 熙熙攘攘的新加坡河上，除了这些热闹的劳动场面以外，还有一个奇特的景观，吸引了我这个异邦少年的注意。那就是有一种船，船头漆成红色，并且画上两颗圆圆的大眼睛。木船本来就有点像浮出水面的鱼，画上这么一对眼睛，鱼的形象，就更加突出了。听长辈们说，这叫做红头船。当年海上没有轮船或者轮船很少的时候，粤东的居民，就是乘坐这种红头船出洋，来到新加坡和东南亚各国的。20世纪30年代的红头船，倒不一定仍然经常来往于祖国和新加坡之间，那大抵是当地居民"仿古法制"，借以纪念先人，也用来驳运东西的一种产物。

1980年，新加坡邮政总局发行一套名为"早期船只历史"的邮票，其中一枚的图案便是"广东省红头船"。泰国澄海樟（林）东（陇）区联谊会以红头船作为其会徽。更早期的暹罗曼谷王朝拉玛三世也制作了一艘红头船模型存放在岩尼瓦寺这个地方。昔年的澄海樟林港，就是以红头船的故乡、兴旺的海运贸易、众多的海外移民而闻名世界，乃至于在1857年英国出版的世界地图上也标上樟林的地名，而从海外寄来的批信，只要简单写上"中国樟林"就可送达无误了。

岁月递嬗，时移势易，直到19世纪60年代，汕头开埠，轮船兴起，樟林港渐为汕头港取代，结束了它作为海运枢纽的地位，而红头船也悄然走进了历史。然而，在澄海人心中，红头船不仅仅是船，也是一页沧桑史、一座丰碑、一座桥梁、一种精神……

"猪仔"出洋的血与泪

鸦片战争爆发到"二战"后的百余年间，中国经历了长期的政治、经济与社会的动荡不安，城市居民失业，农村也出现过剩的劳动力，于是许多在家乡无法生存下去的中国人只好"过番"寻求出路，尤其是深具海洋文化背景的闽粤华人，更是成批背井离乡到世界各地寻找出路。与此同时，东南亚各地又处于社会经济的开发期，亟须大量的劳工，加上当时东南亚各国长期对居民出入境没有限制，西方殖民者因此大肆诱骗、劫掠和贩卖闽粤一带贫苦百姓出洋做"咕哩"（coolie），意即苦力。"咕哩"名义上可以领到一笔预支工资（即卖身钱），但需由雇主扣掉种种名目的"人头税"、住宿猪仔馆的"生活费"，因此当这些华工签上一纸"契约"时，已是满身债务，失去人身自由；而当他们"一入番舶，如载豚豕"抵岸后，像猪一样被贩卖，故被称为"猪仔"。在东南亚对劳动力需求的外在拉力和中国华南社会大量过剩人口的内在推力的交织作用下，中国沿海一带出现了几次移民的高潮，"猪仔贸易"也兴盛起来。现在海外的澄裔先人，大多是在这个时期移民出国的。而澄海移民特别多的原因，还在于：第一，澄海地狭人稠，大量的多余劳力必须另找出路；第二，海运早开，前有樟林成为海运枢纽，后有原属澄海的汕头开为通商口岸，出国侨居交通方便；第三，出洋谋生形成传统，国外侨民不断牵引国内眷属、亲友，以至同乡到海外去，这即是所谓的"链式移民"。民国时期，到海外谋生去已像走亲串戚一样平常了。

鸦片战争前夕，澄海县西南端的沙汕头（汕头古称）以其远较樟林优越的地理条件开始替代樟林而成为"商船停泊的总汇"。第一次鸦片战争后，这里成为西方殖民者进行"猪仔贸易"的口岸。据外国资料记载，自 1847 年至 1855 年从沙汕头运往古巴哈瓦那的华工便有 2 508 名；1851 年在巴拿马建筑铁路的10 000 多名苦力，都是从沙汕头运去的；1852 年至 1858 年共有 40 000 名苦力从沙汕头被掠运出洋，而仅在这六年中在汕头妈屿岛放鸡山就有 8 000 名苦力死亡，被弃尸海滩。1858 年 6 月，在第二次鸦片战争中被打败的清政府与美、英、法等国签订《天津条约》，增开潮州等地为通商口岸。咸丰十年（1860）三月，两广总督公布施行管理沙汕头口岸招工出洋章程，使苦力贸易合法化；十月，清政府与英、法签订《北京条约》，规定准许英、法招募华工出国，苦力贸易再次被清廷确认。咸丰十一年（1861）以后，汕头埠正式成为通商口岸。这段时期由于门户开放，洋轮直通海外，契约华工合法化，出现了第一次移民出国高潮。光绪五年（1879）澄海出国人数即达 1 699 人，占当年潮汕出国人数的 12.8%。据统计数字显示，1887 年至 1920 年这三十多年间，从汕头出国的共 247 万多人，回国的只有 86 万多人。这虽是整个粤东地区和闽南部分地区出洋人数的统计，但汕头位于澄海境内，澄海出国人数占有相当比例是不难推测的。

那些被人口贩子威迫利诱或"自愿"过番的"猪仔"，与家人一起到樟林的妈祖庙祈求一路顺风平安，他们和家人洒泪道别后，就会先在汕头的"客栈"或"猪仔行""咕哩行"集中，等候"客头"安排他们上船。当时以英国人的"德记洋行"和荷兰人的"元兴洋行"势力最大。这些"猪仔"一上船后，他们不但失去人身自由，行动坐卧受限制，更由于船舱里空气窒息，卫生状况不良，又缺水缺食，故而痢疾流行，"猪仔"的死亡率很高，有些则因为起来反抗而被毒打，以致这些运载"猪仔"的船只被称为"海上浮动地狱"。

那些在海上经历了万般苦难后，侥幸得以抵岸的"猪仔"，或被转卖，或在完成身体检验、防疫注射等登记手续后，直接投入当地的丘陵、矿山及其他工地工作。他们身无分文，被带入荒野开垦，住在用木块和亚答叶盖成的简陋宿舍。因四周环境污秽不堪，瘴气逼人，蚊虫肆虐，故有很多人或因卫生设备不周，水土不服，染疾而死，或因日炙雨淋，辛劳过度，营养不足，病倒不起；有些因为承受不了长期的煎熬，企图逃离或不听指挥而惨遭毒打，以致残废伤亡；也有一些因为帮派械斗或个人纠纷而被杀害；还有一些因当地虎患猖獗而成为虎爪下的牺牲品。总之，这些落脚到东南亚各地的中国苦力，仍然因生活环境和工作条件的恶劣而经常要面对病痛与死亡的威胁。以新加坡为例，据郁树坤所编的《南洋年鉴》报道，直至"二战"前后，当地华人移民的死亡率一直高居两位数（最高为 1936 年的 25.11%，最低是 1947 年的 12.78%）。当时在澄海乡里间流传了不少关于"猪仔"和"过番"的民谣，道出了这些苦力背井离乡的辛酸和生活的艰苦。例如，《心慌慌》便是家喻户晓的其中一首：

心慌慌，意茫茫，去到汕头客头行。客头看见入来坐，问声人客欲顺风？一直去到石叻坡，百事无。上山来做工……所做日共夜。海水相阻隔，害得唐山我妻来拍评（安排）……

当时还流行一句俗语："无可奈何炊甜粿。"甜粿即是糯米糖糕，是潮州人一种主要的粿品，原是在祭拜神明祖先或办喜事时才制作的。因为它可以历时十天二十天而不变质，故当年过番者多将它作为旅途上的干粮。很明显的，"无可

奈何炊甜粿"这句俗语形象化地表达了当时人们那种"无奈何,卖咕哩""一船目汁一船人,一条浴布去过番"的凄凉心境。中华民国建立后,在中国人一片抗议声中,政府命令外交部及广东都督禁止贩卖"猪仔","猪仔"贸易终于受到遏制,但"自由移民"仍络绎不绝。自民国十年至十七年(1921年至1928年),汕头平均每年净出国约为35 100人。抗战胜利以后,又出现一次移民高潮。

民国三十七年(1948)一月至十一月汕头出国总计57 628人,而同期回国的仅有4 677人。又据泰国潮州会馆资料,自民国三十五年(1946)至1949年,潮州人移民泰国人数为26万。这段时间前往新加坡、马来亚、越南等地的潮人也为数甚众。在这些出国的潮人中,澄籍华侨没有确切的数字,但澄海的社会情况与邻近各县相似,其移民人数之多,规模之大,也就可想而知了。

工商俊彦异乡绽放璀璨光芒数百年来,澄海籍华侨为侨居地的社会建设、经济繁荣和文化发展作出了巨大贡献。在澄海人大批出国的年代,东南亚各地如暹罗、石叻、交趾等,尚属处女地,地广人稀,相比当年的中国,这些地方可谓不毛之地。这些地方当时多为殖民地,殖民者在当地开发种植园、矿山等活动也刚刚开始。大批契约华工的到来,为各地的开发送来了大量劳动力。很多地方之所以有今日的繁荣,早期华工的血汗辛劳是极为重要的因素。在东南亚各地,也有不少行业为华侨首创或垄断经营。

据《澄海县华侨志》在1987年的统计,居住在外的澄邑潮人以泰国人数最多,占在外人数的61.7%。排在泰国、中国香港之后的便是新加坡的澄邑潮人,估计占在外澄邑潮人总人数约10%。他们对早期新加坡的开拓与近代的经济发展有极大的贡献。

从最初从事农业经济作物的种植和有关的商业活动,再到活跃于出入口贸易与零售业,继后投入工业生产,创设银行和金融机构,随着新加坡的开埠,澄海移民的经济活动层面既广泛又蓬勃,大大地推动了新加坡的经济发展。以下简单介绍部分行业的情况。

在19世纪20年代,最早在新加坡广种胡椒和甘蜜这两种被称为"新马兴邦之母"的经济作物的,就是于道光三年(1823)出国的澄籍华侨余有进,他可以说是新马经济发展的先驱。新加坡早期的甘蜜与胡椒园的园主与工人,清一色是华人,其中潮州人更是此行业的垄断者。素有"甘蜜大王"之称的余有进便是以种植甘蜜、胡椒致富,成为19世纪的华人侨领。

到了19世纪末、20世纪初,甘蜜、胡椒的价格暴跌,加上劳工短缺,甘蜜种植业逐渐式微,代之而起的是黄梨与橡胶的栽植。黄梨栽种和黄梨罐头业的经营虽以闽南人为主，但潮人业主也不乏其人，其中就有佘有进的次子佘连城在实龙岗路买下占地九十英亩的黄梨园，并将黄梨制成罐头销往欧洲和远东各地，俨然是当时的黄梨业巨擘。另一位澄海籍实业家林义顺同样拥有广大的黄梨园。因为世界市场对橡胶的大量需求而刺激橡胶价暴涨，林义顺也大量投资橡胶的种植，赚取厚利。他在新加坡拥有不少胶园，对新加坡早期的开发与经济发展有巨大的贡献。今天，新加坡义顺区的命名便是为了纪念他的开发功绩。

　　"二战"前，新加坡的大米主要由泰国进口，而新加坡的米业也几乎由潮人经营垄断。在新加坡，最早创立米行的潮人是澄海籍的蓝金昇。他为了打破闽帮对入口大米的垄断，先后开设信盛和裕昌盛两间商号，此后局面转变，潮商之踵者遂众。至"二战"前夕，著名的米商中，属澄海籍的就有蔡子庸。他在潮州马车街，开设元发栈，专营米糖，他在曼谷拥有四所"火砻"，出产大米，半数运销新加坡，另一半输往中国香港销售。蔡子庸因为对新加坡的米业有举足轻重的影响力，曾被选任为新加坡中华商务总会正、副总理。祖先在香港起家的澄海隆都人陈慈黉也到暹罗发展米业，在曼谷设有多个"火砻"，米产运销中国香港、汕头和新加坡等地，是曼谷米业的龙头老大。他后来在新加坡设立陈元利行，成为曼谷以外的第二大米栈。"二战"后潮人著名的米商蓝伟烈、洪开榜、周镇豪都是澄海人，他们和潮阳籍的张泗川垄断了当时的市场。蓝伟烈和洪开榜都是樟林人，蓝伟烈在十八溪墘开设蓝伟兴米郊，洪开榜曾创设正盛米郊。周镇豪是潮籍闻名侨领李伟南的女婿，曾任新加坡米入口商总会主席、中华总商会副会长、广东会馆副会长、义安公司总理、潮州八邑会馆会长和澄海会馆副会长等职。

　　由澄邑华侨黄松亭、蓝金昇等人和其他潮籍华侨一起集资倡立的四海通银行，对新加坡早期金融业的发展与经济的繁荣起了重要的推动作用。总行设在俗称"山仔顶"（即今朱烈街，Chulia Street）的四海通银行在1907年（有些文献记载为1906年）正月以120万元（另有一说为100万海峡币）的资金开张营业，创业后业务稳健发展。其初期业务专注于存款与贷款，兼营汇兑。银行的英文名称原为 Sze Hai Tong Banking & Insurance Co. Ltd.，可见初时原有意兼营保险业，但始终未实现，到了1957年改名为 Sze Hai Tong Bank Ltd.，最后才于1964年改用 Four Seas Communications Bank Ltd.。由于营业方针以谨慎保守为准，在1914年"一战"爆发后新加坡金融业陷于混乱与恐慌状态之际，得以安然度过危机。过后，银行集资达200万元，新股东中祖籍澄海的李伟南不仅成为大股东，而且担任多年的正司理，并于1923年出任总经理兼董事主席，对银行业务之发展贡

献殊巨。在他的掌舵下，银行盈利日增，据报告，即使在 1931 年世界经济不景气的情况下，四海通银行获利仍然超过 67 万元。四海通银行在 1971 年增设了一间独资的附属机构四海通金融有限公司。该公司注册资本为 1 000 万元，缴足资本为 200 万元，是当时资金最雄厚的金融公司之一，其业务着重于建筑业、汽车及其他分期贷款，并吸收存户之定期存款。李伟南的兄长李伟卿先生从战前至 1961 年，曾任副经理及泰国曼谷分行经理。1960 年起，有三名澄海人曾担任该银行董事，他们是周镇豪、纪崇，以及李伟南的哲嗣李毓湘。李毓湘自 1961 年下半年起兼任经理，1962 年起兼任总经理，后来也担任金融公司董事总理。

在百余年前由李伟南、李伟卿昆仲及其好友合资创办的再和成伟记汇兑信局，是一间历史悠久、声誉卓著、资金雄厚、通汇范围广泛的批局。在经营数年后，它便由李伟南兄弟承受全部股份，成为李氏家族的资产。再和成伟记汇兑信局的总行坐落于新桥路 33 号，它在战后的全盛时期，在汕头设有联号捷成批局及香港的代理处德兴行，潮州各属地区全在它的通汇范围之内。由于通汇范围大，同业者所收的汇款也多委托它转汇。为了满足蒸蒸日上的营业量的需求，再和成伟记汇兑信局当年曾在新加坡设立两间分局，一间在桥北路 800 号，另一间在马真路 7 号。民国初年，中国政府下令禁止"民信总包"被全侨民信同业所反对，他们组织委员会，李伟南便是委员会里负责向有关当局交涉的中坚人物之一。"二战"后，再和成伟记汇兑信局的业务改由周镇豪掌舵，他在为民信同业争取利益上，也扮演着重要角色。据不完全的统计资料，除了再和成伟记汇兑信局外，在"二战"前后由澄海人开设或担任司理的批局共计二十余所，兹录于附表一，此不赘述。

新加坡在 1959 年自治后，政府才积极推行工业化。在华人的工业制造厂中，以树胶加工至为重要，其由闽南人所垄断。据统计显示，在为数有限的潮人树胶厂与装配商中，规模较大的就包括澄海人翁克德所经营的翁克德树胶厂。此外，战后新加坡食品工业的佼佼者光裕盛有限公司也是澄海人林绍奎经营的，他生产的花生油和其他食用油畅销新马各地。另一澄海人蔡宝泉的太兴号也是当时经销罐头食品的大商号。在传统的潮州糕饼方面，澄海人经营的泰茂和泰祥两间饼家所制的产品可谓当时的著名品牌。"二战"前后执酒业牛耳的也包括澄海人林德甫设于山仔顶的振源号。值得一提的是，战后食品工业中的"三郊四大家头"（三郊即酱园、金果、香汕三个郊头之总称）有三家都是澄海人经营的，它们是陈云翔经营的陈顺成号、李子琳开设的李顺兴号和上述的光裕盛有限公司;，另一间是潮安人陈耀坤开设的四顺号。

澄海人在其他行业亦具有相当雄厚的实力，比如专营土产的九八行就有创立丰和号的王柘榴，开设俊兴、五福、永福成各商号的李略俊。在航运业则有佘有进季子佘柏城开设的和丰轮船公司，业务网络分布欧亚各地；还有创立万丰号，经营暹郊船务的王万顺。在纺织业和布业方面，有黄芹生在 1912 年任股东经理的永万隆，1920 年他自创的廷发布行，战后又开设骏丰号，皆专办欧美布匹，行销新马和东南亚各国。姚仰文在战前也创设永南生号，还有战后蔡镇芝经营的南美服装，都是当时著名的商号。经营出入口杂货的有两顺利号东主陈芷青。陈辑铭创设的德兴祥药行和经营索络渔具的茂兴利号则是自战前便各自在同行中领袖群伦。以销售香汕纸料、账簿文具驰名的有 19 世纪末由黄松亭、黄基业、杜崇烈在十八间后合创的森峰栈（兼营绸布与汇业），战前由李秉衡设于新桥路的厚丰号和战后由杨锡厚所创立的金城公司（杨氏自 1981 年起历任澄海会馆副会长，名誉会长）。另一间以"金城"为商号的则是澄海会馆前任会长，曾任名誉会长的王源河先生在战后 20 世纪 50 年代开创的金城电器私人有限公司，其业务遍及新马和其他各区域，至今已发展成一间大规模的国际性企业。

还有，战前就开始从事挽联、祭祀纸料的制作和提供殡葬服务的杨祥发和 20 世纪 50 年代才开设的杨瑞发，皆是家喻户晓的"糊料铺"。当然，早期许多澄邑商人的业务是多元化的，如李合平便是经营绸缎国货、海产螺壳，又兼营南洋土产和入口九八生意、瓷器等，由于篇幅所限，不再赘列。

综观上述，已足见澄邑移民俊彦在商场驰骋之一斑，亦足以显示他们的经济活动层面之广泛，以及对新加坡早期的开拓与经济建设所作出之巨大贡献。

发扬兴学育才重视文化教育的传统精神

据宋旺相《新加坡华人百年史》的记载，新加坡最早的华人私塾设立于 1819 年，日后发展成为大中小学俱全的华文教育体系。其中先后由澄邑华侨参与创办的学校主要包括以下几个：

端蒙学堂 1906 年由澄籍乡亲蔡子庸、蓝金昇、黄松亭、李星岩、陈芷青、陈敬臣等与其他潮籍华侨共同创办，蔡子庸任该校总理。这是潮人最早创办、规模较大的华校，后扩大为中学。

华侨中学 1919 年由澄籍华侨林义顺和著名的闽籍华侨陈嘉庚共同创办，是新加坡以至东南亚第一所规模最大的华文中学。

义安女学校 1940 年由担任义安公司总理及端蒙学校总理的澄籍侨领李伟南

创办。

新加坡澄邑华侨热心赞助华侨文化教育事业的还有不少人。1953 年，由华侨创办的南洋大学，为东南亚第一所华文大学，澄邑华侨也踊跃赞助。

澄邑新加坡华侨也创办华文报纸。1903 年，林义顺与其舅父饶平人张永福等创办《图南日报》，宣传民主革命。林义顺等追随孙中山，参加同盟会之后，又创办《中兴日报》，为同盟会机关报。两报为华侨报业史写下了光辉的篇章。

其他文教成就有：外砂人王君实，是知名的散文家，1942 年为日军迫死，遗下作品不下一百万字，有《王君实选集》传世；华富人沈侠魂，在新加坡编杂志、办副刊，著有《椰林短曲》《迎春小唱》等散文集；周粲，是知名作家，著有《孩子底梦》等诗集、文集多部；谢明，作家，曾任南洋大学中文学会出版主任，著有《失落、浮沉》等小说、剧本多部。此外还有蔡欣、沙克、郭永秀、李擒等都是卓有成就的新加坡作家。此外，还有学者黄勖吾、文人吴以湘。

"番批"一笺笺遥寄千丝万缕的故乡情结

潮人移民早年离乡背井，出洋谋生，绝大多数都没有改变其强烈的乡土和家庭观念，许多人在"过番"时都丢下家中父母妻儿。因此，到达新加坡后，无论工作如何辛劳，生活如何艰苦，对自己成长的故乡和留在那儿生活的亲人的思念仍时时刻刻萦绕在心头。这种千丝万缕、挥之不去的故乡情结，促使许许多多的移民，身在异地，情系桑梓，平时胼手胝足，克勤克俭，想方设法积存一点用辛勤劳力换来的血汗钱，寄回家乡赡养父母妻儿，买地建屋，并期望有一天能衣锦还乡，光宗耀祖。及后有些创业有成，生活日渐优裕，他们更加关怀宗族故里，不断汇款回乡，并大力资助家乡的建设和公益事业，赈灾济贫，兴办学校，建造设施。

这些侨居国外的潮人汇回家乡充作各种用途的款项，一般统称为侨汇，而侨汇一个最重要的形式是侨批，俗称"番批"。"批"是潮、闽地区对信的俗称，潮闽语言同源，闽南至今仍以批统称信函。海外华人一般上信款联寄，合信款而言，仍称为"批"，回信则称"回批"。所谓一纸"家书抵万金"，在还没有出现现代化的通信设施之前，侨批是海外华人与远在家乡的眷属亲人赖以联系沟通、互慰亲情的一种不可或缺的渠道，批里流露出对亲人深深的思念，无限的叮咛；但无可否认的是，侨批也成了当时数以万计的侨眷的重要经济来源，对促进侨乡社会的稳定与建设，以及经济的发展起着积极的作用。

侨批最初是委托"水客"携带,19世纪70年代以后至20世纪50年代则主要由民信局、汇兑庄或批局经营,其间也有一些是通过政府的邮政局或华人创立的银行办理。据《澄海县志》记载,道光二十年(1840)以前澄海东湖侨商黄继英在新加坡开创致成信局;《澄海金融志》和《澄海邮政志》里更明确指出黄继英是在1849年于新加坡创办了致成号,另在汕头设其联号森峰号,成为汕头开埠后的首家批局。1880年,森峰号回到新加坡设立分局,自成网络。新加坡历史学者柯木林认为新加坡最早的一间民信局是在源顺街(即今直落亚逸街,Telok Ayer Street)一带,但因人事变迁,时代久远,确切的地址已不可考。但致成批局的后裔黄少雄却根据先人的口述资料加以考证后,指出其"先祖在石叻小坡街头择地挂起,致成信局,招牌,印信还是用致成栈,潮籍第一家批信局就这样诞生了"。

据不完整统计,到了1887年,新加坡已有四十九家民信批局,其中潮人开设的有三十四家,"二战"时,侨批业受冲击颇大,但和平后,潮人批局陆续复业,且增至四十余家,并组有潮侨汇兑公会,为本地汇业成立最早的团体。李伟南家族的再和成伟记汇兑信局在当时独领风骚。新加坡潮侨汇款数额,"二战"前每年已介于一千万至两千万元,每月平均在一百三十余万之谱,如,在农历年终,则达两百余万。抗日战争爆发前夕,侨汇连续增长。19世纪后期至20世纪初,澄海侨乡所收到的侨汇数量已相当可观。

19世纪末年,澄海通过批馆收到的侨汇每年一百数十万银圆,20世纪初期增至数百万银圆。民国十年(1921),各地华侨汇入潮汕地区批款,澄海约占百分之十四。此外,还有相当数量侨汇是经"水客"、归侨带回,或经客栈汇寄。澄海地少人多,需要大量米粮以敷食用,赖有侨汇挹注,得以弥补逆差。

侨汇的增长是因为出国人数增加,华人在外事业得到发展,殷富增多。侨汇主要用以赡养家庭,也有少部分用来买地造屋、修建祠堂的,但这时期投资商业的很少,创办工业企业的更少。有些大宗的汇款,是用以购置田产、建筑屋宇豪宅,如隆都的陈慈黉家族、澄城的高满和家族和樟林的蓝金昇家族,都很有代表性。陈慈黉家族在前美乡的"郎中第"等四座大型宅第,自宣统二年(1910)兴工,历时数十年建成,至今成为澄海一个名胜。至于次一等的大中小置业户,更是不胜枚举。这就使侨乡不仅在生活水平上,而且也在景观上与内地的古旧村镇有明显的差别。

抗日战争时期,侨汇减缩,民国二十八年(1939)六月,汕头、澄海相继沦陷,尽管初期外来轮船仍能不定期进入汕头港,但侨批业商人只能通过非正常渠道使少量赡家侨汇流入，此时城乡街巷已出现饿殍，其中就有断绝收入的侨眷。日本进军侵占东南亚以后，侨汇断绝，澄海全境除盐灶乡外，先后沦陷，备受严重摧残。加以民国三十二年（1943）发生大旱灾和大饥荒，侨乡疮痍满目，侨眷谋生无门，或被迫逃荒、饿死他乡，或卖儿鬻女，人走家散者不可胜数。由此可见，侨汇收入对侨乡的重要性，侨汇的有无、多少，在"二战"前后很长的历史时期内，关系着侨乡的兴衰，影响着经济稳定、文化建设和人民的生活。

从一笺笺的侨批回顾先人的移民历史，我们看到他们当时背井离乡，"过番"谋生，实属情非得已；他们在海外坚韧不拔，艰苦创业，虽有很多人都成就了一番事业，但对于大多数移民来说，在海外的生活并非那么舒适，他们在那里饱受生活的摧残，更有一些人老来孤苦无依，最后郁郁而终。今天，当我们看到海外的澄海人风光体面、衣锦还乡时，当侨乡接受海外华人或其后裔的各式各样的捐款时，我们是否想过他们的过去也是那么的艰苦和不易？这些海外华人的钱，是他们自己或祖先当年"搏命"得来的。

澄海人的移民史，是一页页辛酸的沧桑史……

参考文献

［1］陈炎勤：《侨汇与国币》，载沈时霖：《新加坡汇业联谊社特刊》，1947年。

［2］郁树锟：《南洋年鉴》，新加坡：南洋报社有限公司，1951年。

［3］柯木林：《新加坡侨汇与民信业研究》，载新加坡南洋大学毕业生协会：《新加坡华族史论集》，1972年；《战后初期的新加坡侨汇与民信业》，载王炜中：《首届侨批文化研讨会论文集》。

［4］陈维龙：《新、马注册商业银行》，新加坡：新加坡世界书局私人有限公司，1975年。

［5］杨建成：《华侨政治经济论》，台北："中华学术院"南洋研究所，1984年。

［6］Song Ong Siang, *One Hundred Years' History of the Chinese in Singapore*, Singapore：Singapore University Press，1985.

［7］澄海县侨办、侨联：《澄海县华侨志》，1989年。

［8］澄海县地方志编委会：《澄海县志》，广州：广东人民出版社，1992年。

［9］潘醒农：《潮侨溯源集》，新加坡：八方文化企业公司，1993年。

［10］邹金盛：《潮帮批信局》，香港：艺苑出版社，2001年。

［11］王琳乾、吴坤祥编辑：《早期华侨与契约华工（卖猪仔）资料》，汕头：潮汕历史文化研究中心、汕头市文化局、汕头市图书馆，2002年。

［12］崔贵强：《新加坡潮州人对经济发展的贡献》，载洪云生：《潮州文化展特刊》，新

加坡：新加坡潮州八邑会馆，2002 年。

[13] 秦牧：《故里的红头船》，载陈维烟：《红头船的故乡——樟林古港》，香港：天马出版有限公司，2004 年。

[14] 黄少雄：《潮籍侨批历史探源——新加坡"致成信局"是潮籍第一家侨批局》，载王炜中：《首届侨批文化研讨会论文集》。

附录二

新加坡澄海籍人士开设/担任司理之批局[①]

商号	开业时间	停业时间	创立者同理	备注
致成批局	1829	1927	黄继英	
森峰栈收带局	1880	1927	黄松亭/黄基业/杜崇烈	
再和成伟记汇兑信局	1900	1979	李伟南/李应畴/李毓湘	
光裕兴批局	1907	1949	周公度	
万益成保家银信局	1911	1977	李伟卿、李伟南、陈渠、许惟德	
光德栈收带银信局	1912	1948	杨如山	
三发号批局	1915	1939		再和成伟记汇兑信局分局
智发盛庄信局	1920	1934	林景若	
四合兴公司	1920	1925		万益成保家银信局分局
成发信局	1926	1948	许来成	
光德栈成记	1927	1949	杨震泽/杨如山（1948）	
有信庄汇兑信局	1921	1979	黄芹生/陈应昌，黄孝廉	
陈协丰批局	1935	1942	陈华鸣	
再成汇兑信局	1935	1958	李寿年	
信通汇兑信局	1936	1949	郑结基	

---

① 资料来源：据澄海乡亲口述记录，以及邹金盛《潮帮批信局》（香港：艺苑出版社，2001 年）所录之不完全统计资料辑制。

（续上表）

商号	开业时间	停业时间	创立者同理	备注
裕生汇兑信局	1938	1949	卢卓生	
协成兴信局	1940	1948	许锡河	
万商泰公司批局	1946	1949	陈达三	
森源庄批局	1946	1977	余功良	
万和成汇兑信局	1946		邹锐钊	
光和成汇银信	1946	1949	陈韵琴	
成兴公司信局	1946	1948	陈景夔	
万德祥批局	1946	1949	洪胜臣	

索　引

中文姓名索引

四画

王君实 138

王纯德（仰全）100

王思宗 159

王维新 121

五画

卢新科 22

七画

李伟南 41

李仰光 85

李合平 56

李秉衡 53

李略俊 82

李毓湘 152

杨如山 129

吴以湘 118

吴慎修 75

佘有进 1

佘连城 14

佘柏城 26

佘美国 149

张寿仁 110

张锦茂 143

陈三余 63

陈天立 162

陈立纲 93

陈立健 146

陈松锐 135

陈肯构 72

陈宗瑞 114

陈秋槎 66

陈景夔 98

陈辑铭 69

陈燨榆 50

八画

林义顺 32

林忠邦 89

欧阳奇 78

周镇豪 124

九画

洪开榜 59

十画

秦 牧 140

高启智 155

翁克德 127

索
引

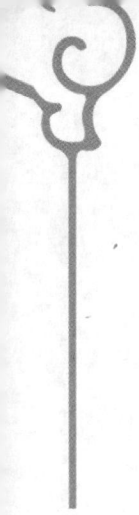

十一画

黄仙舟 29

黄寿松 132

黄芹生 47

黄松亭 6

黄勖吾 107

十三画

蓝伟烈 38

蓝金昇 18

十四画

蔡子庸 11

蔡逸溪 165

蔡寰青 102

十五画

潘忠存 95

英文姓名索引（主要为潮州方言英语拼音）

A

Ang Kai Pang 59

C

Chen Chong Swee 114

Chen Eck Joo 50

Chen Li Kang/Tan Lip Kang 93

Chen Tien Lap，Bernard 162

Chew Teng How 124

Chi Owyang 78

Chua Chu Yong 11

Chua Ek Kay 165

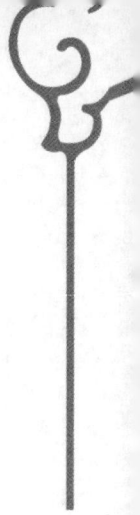

E

Eng Keok Teck 127

G

Goh Sim Siew 75

H

Heng Jui Sing 121

Heng Ngian Chun 100

Heng Ser Chong 159

Hwang Sheo Wu 107

K

Kor Kee Tee 155

L

Lee Hiok Siang, Stephen 152

Lee Hup Pheng 56

Lee Peng Hung 53

Lee Wee Nam 41

Lee Yan Gon 85

Lim Chong Pang 89

Lim Nee Soon 32

Li Luejun 82

Loh Sin Khway / Lo Sin Khue 22

N

Nah Kim Seng 18

Nah Wee Liat 38

Ng Khern Seng 47

Ng Sian Chew 29

Ng Siew Song 132

Ng Song Teng 6

索引

P

Phua Tong Choon 95

Q

Qin Mu 140

S

Seah Eu Chin 1

Seah Liang Seah 14

Seah Mui Kok, Francis 149

Seah Peck Seah / Seah Pek Seah 26

T

Tan Chiew Cha 66

Tan Chip Meng 69

Tan Kheng Khor 72

Tan Keng Kuei 98

Tan Lip Kiang 146

Tan Sam Er 63

Tan Song Jui /Chen Songrui 135

Teo Kim Mong 143

Teo Siew Jin 110

Tsai Wang Ching 102

W

Wang Junshi 138

Wu I Shiang 118

Y

Yeo Joo Suah 129

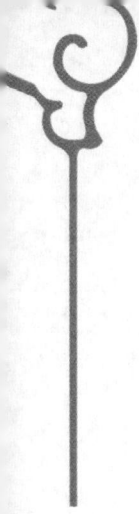

一脉相承：石叻澄邑先哲传略

《潮汕文库》大型丛书第一辑书目

系列名	书名	作者
潮汕文库·研究系列（第一辑）	潮汕史简编	黄挺著
	潮汕方言歌谣研究	林朝虹、林伦伦著
	潮汕华侨史	李宏新著
	选堂诗词集通注	饶宗颐著，梅大圣注
	饶宗颐辞赋骈文笺注	饶宗颐著，陈伟注
	饶宗颐绝句选注	饶宗颐著，陈伟注
	汕头影踪	陈嘉顺著
	汕头埠老报馆	曾旭波著
	潮人旧书	黄树雄著
潮汕文库·文献系列（第一辑）	潮州耆旧集	（清）冯奉初辑，吴二持点校
	郭子章涉潮诗文辑录	（明）郭子章撰，周修东辑校
	潮汕女性口述历史：潮州歌册	刘文菊、陈俊华、李坚诚、吴榕青、刘秋梅编著
	人隐庐集	（清）吴汝霖、吴沛霖撰，吴晓峰辑校
	做"缶"与卖"缶"：近现代枫溪潮州窑陶瓷业访谈录	韩山师范学院图书馆、颐陶轩潮州窑博物馆主编，李炳炎、陈俊华、陈秀娜编
	瞻六堂集	（明）罗万杰撰，黄树雄、王缨缨、林小山整理
	四如堂诗集	（清）陈锦汉著，陈伟导读
	醉经楼集	（明）唐伯元撰，黄树雄、王缨缨、陈佳瑜整理
	百怀诗集　龙泉岩游集	（清）陈龙庆撰，陈琳藩整理
	重刻灵山正宏集	（清）释本果撰，郭思恩、陈琳藩整理
	立雪山房文集	（清）黄蟾桂撰，陈景熙、陈孝彻整理
	汕头福音医院年度报告编译（1866—1948）	（英）吴威凛（William Gauld）等著，朱文平编译